U0412392

彭林 主編

朱軾全集

第六册

春秋鈔

孝經定本

復旦大學出版社

本册總目

春秋鈔

張旭輝　整理

整理説明

經過數代艱苦經營，文、武二王建立了有八百年天下的周朝，又由周公製禮作樂，郁郁乎文哉，成爲之後三千年中國歷代王朝的典範。詩之作開始於周初，所謂興觀群怨，詩人歌詠王道之治，以及各種哀怨和不平，以宣鬱結以致中和。各國詩作又由周天子採集至廟堂，以爲王道之治的輔佐。到了孔子的時代，禮崩樂壞，世衰道微，王道幾於泯滅，詩亦不復興作。孟子將這個巨大的歷史轉折過程總結爲：「王者之跡熄而詩亡，詩亡然後春秋作。」孔子之於春秋的述作，是從文化層面對王道的挽救，對亂世的規範。因此，孟子説：「春秋，天子之事也。」從堯、舜、禹時代到周公時代，再到孔子時代，華夏文明經歷了三次根本性轉折：「昔者禹抑洪水而天下平，周公兼夷狄、驅猛獸而百姓寧，孔子成春秋而亂臣賊子懼。」孔子在春秋中涵泳了巨大的政治抱負和文化寄託，所謂「其義則丘竊取之矣」，却由於時空錯位，他不得不以微言大義述作之，又唯恐後世不明此意：「知我者其惟春秋乎！罪我者其惟春秋乎！」

春秋的述作如此，至漢朝有左氏傳、公羊傳、穀梁傳三家傳，或彰顯春秋之盛衰史事，或發揮春秋之微言大義。春秋學因此以立，授受有自，傳承有緒。作爲儒家六經中的春秋，是較爲艱深的一部經典。艱深首先來自字句文辭的訓詁，最根本的難度是對於其微言大義的體悟和判斷。

研習春秋，需要逐步懂得藴含於字裏行間的義例，即在繁複史事中的通義。所謂「一字之褒貶」，便是對記述同類史事的不同文字，發覆其規律，並予以價值判斷，將天理王道落實到世間，言簡意賅，不容混淆。歷代研讀春秋及三傳者不計其數，但即便是集儒家學問之大成的朱子，亦浩歎研習春秋義例之難。宋初三先生孫復、石介、胡瑗以研究春秋名家，至於伊川程先生方能真正明曉春秋大義。兩宋之際的福建人胡文定安國，南渡後感觸時事，著春秋傳，深得程門學問精神，朱子説他雖「有牽强處，然議論有開合精神」。明初朝廷定春秋胡傳爲科舉取士的教科書，此後數百年士子研習誦讀，影響巨大。清康雍乾時代的理學名臣江西人朱文端軾紹繼程朱學問，身體力行，仕途炳然，是有清一代難得的儒者。朱文端宦之餘，著春秋鈔十卷，卷首總論一卷，篇幅不大，却寓意深遠。他於胡文定身後數百年之下，總結前代春秋學代表性著述，研求春秋大義細緻入微，以胡傳爲主，度以己意，在義例上格外用力，甚有發明，學有所得，立論斬釘截鐵。且文筆富含激情，不少論述能發揮至長篇，結構前後呼應，義理明晰一貫，遣詞用句不苟，讀來甚能啓發心智，振拔精神。整體而言，春秋鈔可謂不可多得之佳作，亦可爲後學研習春秋之必備參考書。惜此書三百多年來湮没不聞，正待今人發其幽光，表其深文卓識。

此次整理春秋鈔，收入朱軾全集，以上海圖書館藏朱文端公藏書本爲工作本整理而成，並核對了書中的大多引文。底本每一卷卷首均題「高案朱軾可亭氏輯，長白鄂彌達質夫氏校」字，今依例删去。稿中的諸多不當之處，祈請方家指正。

公元二〇二〇年八月伊川張旭輝謹識

目録

春秋鈔卷首

總論

孔子曰：「我欲載之空言，不如見之行事之深切著明也。」時至春秋，大道隱矣，聖人周流列國，所進説於人主，及退而設教，與七十子之徒講習而討論者，無非闡明堯、舜、禹、湯、文、武相傳之心法，而聖人以爲是皆載之空言也。今夫名山大川，遊覽所不至，考之記載而知某水某丘之勝概，與夫雲霞之蒸蔚變幻，鳥獸木石之珍奇光怪，心焉慕之，而未之信也。有繪圖示之者曰：「此某水、某丘之勝也，雲霞之蒸蔚變幻，鳥獸草木之珍奇光怪也。」則不啻親履其地矣。春秋之作，二百四十年之圖畫也。言道者曰：如此則忠，如此則孝，如此則不忠、不孝，而爲天理、王法之所不容，智者喻而愚者懵焉。比讀春秋，乃知若而人之甘心不忠不孝如是也，若而人之陷於不忠、不孝而不自知如是也。微惡必懲，隱慝必誅，天理王法，昭然不爽如是也。於是善者謹覆轍，凜殷鑒，不善者如照秦鏡，自見其形容，自呈其心術，儼然刀鋸斧鉞之刺於心而戮於身矣。程子曰：「五經如藥方，春秋猶用藥治病。」方書所載某方祛寒，某方已熱，盧、扁未敢信其必然也。迨用某方投某病，而果無不效也，斯庸醫知所遵循矣。春秋對症施藥方，則堯、舜、禹、湯、文、武之所傳授也。孔子酌而劑之，以適於用，而二百四十年風魔妖妄之疾霍然起矣。

朱子語類云：「孔子作春秋，據他事實書之教人，見得當時事是如此。」又曰：「聖人不過直書其事，而義自見。」果爾，則齊桓、晉文之事，舊史具在，孔子之作，不幾多事乎？且晉之乘、楚之檮杌，皆勸善懲惡之書也，何必魯之春秋？又曰：「以日月名字上寓褒貶，聖人不解恁地細碎，且忽用此説以誅人，又用此説以賞人，使人求之而莫識其意，是後世弄法舞文之吏之所爲也。」案春秋編年之書，雖無事，必備載四時；至事有以日計者，則書日；不可以日計，則書月；不可以月計，則書時。原無關於是非之義也。若書人、書爵、書名、書字，則魯史舊文也。孔子曰：「吾猶及史之闕文。」蓋言史官之慎也。韓宣子聘魯，見易象、春秋，曰：「周禮盡在魯矣。」即是春秋舊史典禮，昭然非他國可比。若忽而書名，忽而書字，絶無取義，信筆記録，雜亂無章，即晉乘、檮杌未必如是草率也，況孔子作春秋以教天下萬世，肯任舊文之參差而不爲校正乎？蓋以官爵、名字寓褒貶，乃史官定例，聖人據事考義，可因者因之，不可因者改而正之，間有變例，或予之爵謚以重其罪，或責備賢者而嚴其辭，是皆確乎有據，無可疑者。若義不可通，則簡編之誤，闕之可耳。蓋經文從三傳録出，而三傳所載字句，時有參差，先儒謂由口授，數傳而後，不免訛誤。今必欲逐字引例，委曲以求其同，則鑿矣。

史家編年記事，有綱有目，綱斷而目案也。事之本末，目已詳矣，乃酌理原情，斷以片言而獄成焉。後之讀史者不得於綱而稽其目，猶有疑焉，則究隱察微，更進一解，而是是非非之精意出矣。孔子之所修者，綱也。目以記事，無俟聖人之筆削，後人因非孔子所定，遂從而佚之，目佚而傳作，傳即目也。左氏詭異浮誇，無當於聖人之取義，而事之不泯，猶賴有此，論者謂「屬辭比事，春秋教也」。魯桓弑於齊，而莊公主齊婚，與齊人狩，大無麥而築郿，告糴于齊，而新延廏。凡此皆比而觀之，而美惡自著，何必詳其事而後見其義乎？然與其窮原竟委而後知，何如一見瞭然之爲善，況有尋究而必不得其故者乎？乃謂盡去諸傳而後春秋之義明，何其謬也！吾謂注春秋，須將三傳及前編等書，撮其記録事實者，列於逐條之下，以補春秋之目。然後另講書法，以求其義，斯聖人之微旨著矣。至記言、屬辭、比事，謂學春秋而得其義，則能比勘事之是非，斷以辭而親切允當，非謂讀經者當比事而觀也。至前略而後詳，此隱而彼著，由後遡前，即此推彼，凡書皆然，況春秋編年記録，隨其月日所有之事而繫之，有一事而散見於各年各月者，又有數事而相爲本末終始者，自必博觀廣覽，乃能融會貫通。然春秋謹嚴，一句一字具有精義，如天地之廣大周徧，脉絡經緯，固自比密，苟非逐字逐句體認真切，又安能博觀廣覽，融會貫通乎？

春秋明天道，修人紀，撥亂反正，辨名定分，天子之事也。天子之事，惟天子能行之，惟聖人能言之。周衰，王迹熄，天子不事其事，孔子作春秋，言天子之事，非事天子之事也。論者乃謂孔子以匹夫假二百四十年南面之權，謬矣。亂臣賊子，人人得而誅之，誅之者，正其罪也。殺人者可殺，非士師而殺之，是亦殺人也。以亂易亂，春秋之所禁也。然則所謂人人得而誅之者，權在則誅以斧鉞，權不在則誅以言也。誅以斧鉞者，天子也，諸侯奉命討賊，可也；誅以言者，凡能言者，皆得而誅之。亂臣賊子智巧足以飾非而謝過，而言者方攻其隱而誅其心，雖幸而苟免於身，而一字之誅嚴於身後，此亂賊之所以懼也。或曰：「亂臣賊子，天理良心滅絶已盡，何有於一字之誅而懼而不爲乎？」曰：天理良心，如何滅絶得盡？亂賊之人，未有不諱其爲亂賊者。孟子曰：「邪説暴行有作。」邪説者，暴行之所自來也。桓之弑隱，由隱之讓也。惠公以桓爲適，隱公亦以桓爲適，桓遂自以爲適也。桓方信羽父之反譖，以爲隱將據位而殺適也，是以弑也。以桓爲適者，邪説也。又如闔廬之弑王僚，曰：「我王嗣也，僚安得立？」不知僚已儼然君也。衛輒之拒父也，曰：「不得父其父，即不得子其子。」雖子貢之賢，猶疑之甚矣，邪説之誤人也。暴行之作，由惑於邪説，至陷大惡而不自知，又或甘心爲惡，而託邪説以自掩。邪説不放則大義不著，此孔子之所以懼也。呂氏曰：「邪説暴行，天下所同聞見，而孔子獨懼焉，何也？手足風痺，雖加笞箠，頑然而不知痛。無疾之人，一毫傷其膚，固已頻蹙慘怛，中心達於面目。人皆風痺，而孔子獨無疾，是以懼也。」春秋成而亂賊懼，猶倉、佗和緩，療以鍼石，血氣流注，復知痾癢也。故曰：「知我者，其惟春秋；罪我者，其惟春秋。」知者懼也，罪者亦懼也，盡天下之人無不懼，則人心正而庶民興，邪慝無由而作，猶之倉、佗療疾，先驅風邪而後鍼石可施，至血脉通而元氣復，外邪又不待屏而自消矣。

黄氏曰：「春秋教戒之書，而非褒貶之書也。」愚謂褒善貶惡，正聖人之所以教戒也。善不褒，何以教？惡不貶，何以戒乎？然聖人善善長而惡惡短，情有可原，雖罪必矜；事有可取，雖微必録。邵子謂春秋爲聖人之刑書，蓋本欽恤爲平允，堯、舜刑期無刑之意也。程子曰：「五經之有春秋，猶法律之有斷例也。」又曰：「春秋，百王不易之法，乃文質之中、寬猛之宜、是非之公也。」自昔論春秋者，無過此數言之親切。蓋五經所言，文質也，寬猛也，是非也，酌其宜而準於中，以合乎天理人心之公，而爲百王不易之法者，春秋也，故曰「猶法律之有斷例也」。

春秋之法，專治諸侯，諸侯治則天子尊，統一而分定，上下各得其所，而僭竊争鬬之患息矣，故曰：「春秋，天子之事也。」然諸侯受治於天子，而天子又受治於天。芸芸者皆天産也，而大君爲宗子，故尊其號曰天王。王，尊也；子，親也。凡所以繼天立極者，無非奉若天道，天子之事即天之事也。周衰，王迹熄，孔子作春秋，昭王法，明天道也。

朱子曰：「聖人只欲備二百四十年之事，若硬説那個字是舊史，那個字是聖筆，如何驗得？」愚案：文以記事，而義即於是乎見。孔子曰：「其義則丘竊取之。」義於何取？於文乎取之也。若曰文盡從舊，吾不知孔子之所取義又安在也。舊史豈盡無當？但微顯闡幽，當名辨物，非聖人不能。是故有一字而兼數義者，有數事而合爲一義者；有逐字取義者，有取義在一字者；有以實字取義者，有以虚字取義者；有取義在一事而因及他事者，有取義不於本文、本事者；有假之名而諱其實者，有嘉其事而恕其情者；有著其功并録其罪者，有略其罪而大其功者。凡此，皆聖人之筆，雖游、夏不能贊，況史官乎？一字而兼數義者，如「鄭伯假許田」，許田也，而可假乎？罪公也，罪鄭伯也。然第曰「假」耳，公非予也，鄭非取也，暫假焉耳，所以寬公之罪，寬鄭伯之罪也。曷寬乎耳？凡假物於人者，將以還諸其人也。此又聖人開二國遷善之門也。數事合爲一義者，如文十八年「子卒」，前書「公子遂、叔孫得臣如齊」，後書「夫人歸于齊」，又書「季孫行父如齊」，總以明魯臣之謀廢立，子之卒，卒於弑也。逐字取義者，如「鄭伯克段于鄢」，曰「鄭伯」，罪伯也；曰「克」，力勝而去之也；曰「段」，路人也；「于鄢」，操之已蹙也。取義在一字者，如一國「以」數國之師，「以」者，不以也，「以人」與「以於人」，皆非也。以實字取義者，如「天王使宰咺來歸惠公仲子之賵」，曰「天王」，曰「宰」，何其鄭重也；曰「惠公仲子」，微也。歸賵之非，不待言矣。以虚字取義者，如「公自京師，遂會晉侯」云云，曰「遂」，重朝王也，而魯侯無君之罪著矣。取義一事而因及他事者，如「春王正月」，本以編年見尊王敬天之義，而繫時於「王正」之上，又寓行夏時之意焉，若曰此建子之春，乃時王一歲之首，月改故時移，非「帝出乎震」之孟春也。取義不於本文、本事者，如桓、宣書「有年」，明他年之常歉也。假之名而諱其實者，如晉文召王，而曰「王狩」，以狩爲名，諱召也，仍其名而書之，名之所關者大也。嘉其事而怒其情者，如「莒去疾自齊入于莒」，志存乎得國也。去疾入而展輿奔，展輿，弑君之賊也，聖人嘉去疾之能討賊，而繫以國，明去疾之宜有莒也。著其功並録其罪者，如「楚殺陳夏徵舒」，嘉討賊也。又書「楚人入陳」，貶也，功過不相掩也。大其功而略其罪者，如首止之盟，諸侯會王世子，近於要君，然定世子之功大，故不以要君罪齊桓，功足以掩過也。大抵事之是非昭然共見者，只直書其事而義自見。其有事小而所關者大，亦或似是而實非者，名字爵秩予奪褒貶之外，必抑揚高下其辭，使人玩味而得其是非之實。直書其事者，舊史已明則仍之，有辭義未顯者則達之。其高下抑揚，使人玩味而得其是非者，皆聖筆也。

學者讀春秋，但將隱、桓二公時事，細細體認，確然有見於褒貶予奪之例，則二百四十年治亂得失之故，與夫聖人筆削之苦衷，瞭然在目矣。蓋隱、桓世遠，春秋所紀較他公爲略，然壞法亂紀、滅倫絶義之事實，始於隱而熾於桓。如盟蔑、盟宿，私盟之始也；祭伯來，私交之始也；會戎于潛，外交之始也；入向、入極、取牟婁，入國取邑之始也；鄭人伐衛，諸侯專征伐矣；無駭帥師，大夫專兵矣；考仲子之宫，嫡妾紊矣；戎伐凡伯，天尊地卑之義亡矣；瓦屋之盟，伯主所由興也；宋、陳、蔡、衛會伐，諸侯之黨所由分也。至於桓，而君臣、父子、昆弟、夫婦之常經敗蔑幾盡，蒙羞忍恥，靦然在位者十八年，卒喪身於逆姜之手，惡莫惡於是，醜莫醜於是矣。況乎宋督弑君，以賄賂而得免；鄭突篡位，結强鄰以自固；王師敗績於鄭，天王僅以身免，王綱終於不振；齊、魯、宋、衛紛紛誓盟，朝修好而暮興戎，人心世道之壞，終春秋之世不過如是而已。學者於此考訂詳而體察精，全經之微言大義，盡在斯矣。

左氏紀事最詳，穀梁取義較切，公羊不及二傳，然亦有左略而公詳、穀泛而公切者，此三傳所以並存而不可缺者也。胡傳於天理、人欲之介辨之極精，言之最篤，而梳櫛義例，直截痛快，有春秋謹嚴之意焉。然有時用意太過，取義太深，又或旁見側出，而於本條反多遺漏。蓋文定輔成君德、挽回人心苦衷，勤勤懇懇，言之不足，而長言之，非若杜、林、何、甯之釋經，但取尋章摘句已也。

胡傳於征伐、會盟、聘問無大關係者，多不釋其故，三傳亦時有缺略。蓋當日諸侯强陵弱、衆暴寡，而寡弱之國又每不度德量力，而干犯强大，一言以蔽之，曰無名之師也。至會盟、聘問，無非趨勢附利，朝恩暮怨，機械變詐，不可端倪。文、宣以下，大夫專政，作威作福，惟所欲爲，又不待求其故而知其悖理滅義，爲王法所不容矣。凡如此類，聖人因舊史以垂戒，善無可褒，惡不待貶，讀者必尋究其所由來，以合於褒貶之例，亦近於鑿矣。

或有問於予曰：「横渠張子謂春秋乃仲尼所自作，非理明義精，殆未可學。若胡文定公，可謂理明義精者乎？」曰：是非予所能知也。雖然，胡傳本之程子，公私理欲之介，言之洞然，他書弗及已。予於聖人筆削之旨，茫然未有所知，惟恪守胡傳，間有辭旨未暢，及鄙意所未安者，妄陳管窺之見，敢以質之學春秋而理明義精者。

春秋鈔卷之一

隱公

元年春王正月 元年

元，首也，謂一君紀年之首也。魯隱公元年，周平王四十九年也。正爲王正，年亦王年也。就魯而論，隱於是始焉耳。月者，時王之正朔，故王連月。時者，天道之運行，故春先王。萬物發生蠢動之謂春。帝出乎震之月，春之始也。周正建子，以夏之仲冬爲首。春取陽生於子之義也。胡傳謂殷周改月不改時，非也。曰「春王正月」，明明以子月爲正，即以子月爲春矣。若月自周，而時仍夏，則是冬正月，不當云「春王正月」也。程子謂虚立一「春」字於正月之上，以示行夏時之意，無論時與月岐，不足以傳信。且孔子作春秋而擅改周曆，何以示訓乎？或云殷以十二月爲歲首，周以十一月爲歲首，時月俱不改，此尤顯然謬誤，先儒辨之悉矣。然考經傳所載，則亦有可疑焉者。論語曾點之言志也，曰：「莫春者，春服既成，浴乎沂，風乎舞雩。」周之莫春，寅月也，可浴可風乎？孟子引晏子之告景公曰：「春省耕而補不足，秋省斂而助不給。」自周正言之，則耕在夏而斂在冬矣。國風葛生之詩曰：「夏之日，冬之夜。」周頌臣工之詩曰：「維莫之春，抑又何求？」非夏時乎？小雅所言六月、四月、十月、二月，非夏月乎？熊氏與可曰：「周人並用夏時，豳詩、周禮則然，惟春秋紀事專主周正。」斯言庶幾近是。或以豳詩「一之日」、「二之日」即周正也，蓋周之先公早以是紀月矣。然所謂日者，陽也，陽生於子，漸進而盛，四月純陽，不可以數計，至五月而陰生，故俱不言日，非以日之數爲月之數也。授時以農事爲重，小民因天乘地，先事而豫謀，及時而力作，父老子弟相與咨嗟，惟恐不逮者維此。候蟲時鳥之飛鳴，草夭木喬之榮落，如七月所言倉庚、蟋蟀、秀葽、隕蘀之類，觸於目，儆於耳，因以爲春夏耕耘蠶績之課程。乃一旦奪其素，所占候不爽者，而謂前所謂春非今之春，所謂夏非今之夏也，其如天時、物理之無徵何？周官太宰正月始和，縣法于象魏，使萬民觀治象，而少宰又以正歲帥治官之屬，而觀治象于法。注：正歲謂夏之正月，蓋周人以時王之正爲正月，以夏時之正爲正歲。歲者，序也，始乎寅而終乎丑，歲序乃一周而無紊。太宰于萬民觀象，言正月，示民時王之正朔也。少宰于治官觀法，言正歲，明因天順時以出治，非以强民也。又凌人正歲十二月斬冰，不言二月，而曰正歲十二月者，謂夏之季，冬冰乃可斬，明夏時得寒暑之正也。他如月令所記，發號施令，以及王者居處服食器用之宜，與時變易，欲不循夏時，可乎？國之大事，無過祀典，正月日至，有事于上帝；七月日至，有事于祖。日至者，冬至、夏至也，易而爲周之仲冬、仲夏，可乎？莊八年春正月己卯烝，周之正月，夏之仲冬也。烝，冬祭也。若周之冬，百物未備，欲烝可得乎？趙氏東山云：「周人改時月春夏秋冬之序，則循周正；分至啟閉之候，則仍夏時。」夫分至啟閉之候，時月所由分也，分至啟閉，既仍乎夏，則所謂春夏秋冬者，僅有其名而所用則皆夏時可知已。惟國史紀事，繫事於時月日之下，傳信也。無事則書時書首月，存正朔也，此則令典之必不可易者耳。

公及邾儀父盟于蔑　元年

公羊云：「及者何？與也。會、及、暨，皆與也，曷爲或言會，或言及，或言暨？會猶最也，及猶汲汲也，暨猶暨暨也。及，我欲；暨，不得已也。」按：凡言及者，我爲主而及人也，亦有人我同志而言及者，尊及卑，近及遠也。若魯君之於他國，内及外也。内及外者，或同志，或内爲志，皆言公及某。若外爲志，則不可言某及公，故變文曰「公會某」。亦有應言及而言會者，所及者衆也；又有先言會而後言及者，及猶會也。暨之義與及同，及者欲如是，暨者已如是也。若以暨爲不得已，則是彼爲主而我從之，當以彼暨此，不當以此暨彼也。此經云「公及儀父盟」，公與儀父同志也。

鄭伯克段于鄢　元年

段之惡，人人得而誅之者也。鄭伯伐諸京，京人叛段，則當書「國人殺」。祭仲于封輩共圖之，則當稱國以殺。稱鄭伯者，重惡乎鄭伯之縱段而置之死地也。不曰殺而曰克者，左氏謂如二君。公羊謂：克，能也，能殺也。終春秋稱「克」者惟此，蓋極形鄭莊居心之峻惡也。曰于鄢，操之已蹙也，穀梁曰：猶取諸其母之懷而殺之。段不言弟者，段不弟也，莊公不以爲弟也。左傳謂「伐諸鄢，大叔出奔共」，果爾，則是伐而逐之耳，何云克乎？他日莊公曰：「寡人有弟，不能和協，而使餬其口于四方。」此詭詞也。五年伐衛，討公孫滑之亂也，段之死可知矣，豈有段出奔，而鄭莊肯置之不問者乎？

天王使宰咺來歸惠公仲子之賵 元年

諸侯之惡，莫甚於僭王。聖人作春秋，凡以尊王而抑僭也。天王之號，前此未有，聖人特筆也。若曰王可僭，天亦可僭乎！天王者，奉行天道以繼天立極者也。以臣子而僭大號，逆天之罪，孰大於是？春秋正名定分，大義凜然，只「天王」二字已足落亂賊之膽矣。至此經，正嫡庶之分，字字謹嚴。若曰王，天王也；宰，天王之宰也。下賵諸侯之妾，可乎？仲子生而有文在手，曰「魯夫人」，當時已傳爲美談。比歸惠公而生桓，惠公以爲適也，隱公亦以爲適也，因而天王亦以爲適而賵之，不然王何愛於魯而賵其妾乎？書曰「惠公仲子」，而後天王、宰咺之降尊失禮以著，而惠公之寵嬖妾，隱公之成父過，昭然耳目間。桓公之篡弒，無可逃誅於天地之間矣。

及宋人盟于宿 元年

會盟無使微者之理，此稱「及」，必公也。不言者，不與大夫盟諸侯也。宋稱人，貶也。此春秋初年書法也。

公子益師卒 元年

卒應書日，此不日，缺也。

春，公會戎于潛 二年

此書會之始也。古者諸侯非朝時不得越境。書會，惡之也。隱自元年後不書正月，公、穀俱謂「隱居攝，不自有其正」，非也。不書正月者，正月無事也。有事，雖欲不書，可得乎？此云「春，會戎」，安知非正月？不書者，事不繫乎月也。

夏五月，莒人入向，無駭帥師入極 二年

入向，以姜氏還，必莒子親往。書人，貶也。孔疏以爲將卑師少，非也；胡傳以爲小國，亦非也。無駭不氏，未賜氏也，故卒亦不氏；穀梁以爲貶，非也。内滅國，例書取，公羊云諱滅爲

入，亦非也。

紀履緰來逆女伯姬歸于紀　二年

公羊云：「在其國稱女，在塗稱婦，入國稱夫人。」按：從父母言之則曰女，從君言之則曰夫人。婦者，有姑之詞，無姑則不稱婦。諸侯使卿逆則稱女，大夫自逆則稱所逆之字，天子娶后則稱王后，天子之女下嫁則稱王姬。此尊卑之別也。昏禮以壻爲主人者，對婦而言也。若六禮必先告廟，而後遣使主之者，宗子也；父兄爲宗子，則父兄主之；宗子自娶，則自主之。自大夫以及士、庶人皆然，公羊謂父兄師友主之，非也。父兄非宗子，尚不得而主，況師友乎？諸侯娶夫人必自爲主，主者，主嘉讓之詞也。使者逆女，其致詞必曰寡君使某云云，非臣下之所得而命也。惟天子娶后，使宗國主之，尊卑不敵故也。先儒云爲有廉恥之心，不可自爲主，謬也。合二姓之好以祀其先，何恥之有乎？宋納幣稱公使，此不言紀侯使者，文脱也。古者昏姻不出閭井，親迎於婦家，其常也。間有道遠一舍以外者，則逆諸塗次，而與俱至。若諸侯娶於異國，使卿大夫往逆，而行授綏御輪之禮於所館。哀公問所謂「冕而親迎」者，此也。桓公使公子翬逆女而親迎于讙，禮也。不言親迎而曰「會齊侯于讙」者，譏公不行御輪之禮，且以見齊侯越境送女之非也。莊公如齊逆女，非禮也。夏往秋返，不與夫人俱至，春秋志而譏之。成公使叔孫僑如逆女，事合乎禮，可不書，書者，以公不親迎於所館也。夫人至自齊，逆女者以之也。胡傳引詩言文王、韓侯爲諸侯，必親迎於女家之證，誤也。詩云「文定厥祥，親迎于渭」，此迎於所館之明徵也。渭，周境也。若迎於姒氏之廟，則不言所迎之地矣。韓侯迎于蹶里者，蹶父爲王朝卿士，蹶其邑里交錯於韓境，非異國也。内女嫁於諸侯，凡八見，經大抵皆有故而書，而於宋伯姬、紀伯姬、叔姬尤詳，蓋賢之也，憫之也。

鄭人伐衛 二年

春秋諸侯專征伐自此始。鄭莊好兵善戰，孟子所謂「服上刑」者也。書人，惡之也。

春王二月 三年

程子曰：「月，王月也，事在二月則書王二月，在三月則書王三月。無事則書時，書首月蓋有事，則道在事；無事則存天時。正王朔，天時備，則歲功成。王道存，則人理立。春秋之大義也。」吴草廬云：「每歲春之下書月，必加『王』字，以見此數乃時王之所定。」按：春爲一歲之首，故書月必稱王正月，無事則書王二月，二月無事則書王三月。若一時俱無事，則止書時，亦稱「春王正月」。惟事當書時，不當書月，「春」下即繫事而不稱「王」。蓋時爲天時，月爲王月，「王」

必冠乎月之上也。

武氏子來求賻 三年

曰武氏子，未爲卿大夫也。不使卿大夫者，自知所求之非也。不言使，未葬也。

莒人伐杞，取牟婁 四年

伐者，討其罪也；取者，收奪其國邑也。伐而取，是以討罪爲名，而志存乎奪邑，聖人所重惡也。

衛州吁弑其君完 四年

程子云：「自古簒弑多公族，彼自謂先君子孫，人亦以爲然而奉之。春秋之初，弑君者多不稱公子，蓋身爲大惡，自絶于先君，豈得復爲先君子孫哉？大義既明，其後皆以屬稱。或以見其親而寵任之太過，或見天屬之親而爲仇讎，義各不同也。」胡氏謂削其屬籍，特以國氏，與程子意同。然程子以稱公子爲責君，胡氏以不稱公子爲責君，各隨所見，取義于春秋之旨，均未敢信其有當也。春秋專治亂賊，紀事而至弑君，方痛心疾首，誅討之不暇，而暇追咎其君乎？孔氏曰告詞不同，史有詳略，義不係乎是，斯論近之。

公及宋公遇于清　四年

不期而會曰遇。古有遇禮，近者爲主，雖造次弗苟，而儀文則殺于會。公將會宋公，未及期，聞衛亂而相見于清，宋志也；謀成州吁也。宋公迫欲謀衛，倉猝不獲備禮，乃託不期而遇之名，以飾其苟簡急遽、黨護亂賊之非。春秋内書「遇」三，外書「遇」四，宋人實開其端也。曰「公及」者，凡公與諸侯會，或稱會某，或稱及某，遇則不便。云遇某于某地，故俱言及，義無所取也。

會宋公、陳侯、蔡人、衛人伐鄭　四年

宋公子馮奔鄭，鄭人納之，及衛州吁弒君，求寵于諸侯，告于宋曰：「君若伐鄭，以除君害，敝邑以賦與。」陳、蔡從宋人許之。于是兩會諸侯伐鄭，夏遇于清，宋公要公會伐，公弗許。至秋，宋復來乞師，羽父乃帥師會伐。前條重責宋，此條重罪翬。胡傳備矣。蔡、衛大夫帥師稱人，貶也。宋、陳何以稱爵？概曰人，無以見宋公、陳侯之親往也；書爵，甚二國之罪也。伐鄭，衛志也，惡黨惡，故首宋，次陳、蔡，而衛殿焉。

九月，衛人殺州吁于濮。冬十有二月，衛人立晉 四年

殺州吁曰衛人，立晉亦曰衛人。人者，衆詞也，而是非有別焉。弑君之賊，人人所欲殺，亦人人所得而殺也。繼故而置君，必稟命於天子，雖人人所欲立，無王命不得立也。晉不稱公子，明徇衆而專有其國之非也。張天如曰：「州吁宜殺，天下知之，晉不宜立，天下不知。春秋辨焉，天下之父子君臣定矣。」

考仲子之宫，初獻六羽 五年

仲子之卒五年矣，前此祭不用樂，至是始獻六羽，以告新宫之成。六羽，諸侯之樂也，用于仲子之宫，失禮之中又失禮矣。傳謂對平日群廟用八佾言，非也。成王賜魯天子禮樂，見禮經明堂位，先儒以爲漢人杜撰。南軒張氏曰：「觀劉氏外紀、羅氏路史，知魯惠公請郊，乃在平王時。王且使史角止之，而後魯自僭用耳。或曰僖公請于王而用之。」今觀春秋言郊事始僖公，斯論不爲無據。至旱而祭，有時僭用大雩，非以爲常也，故終春秋，書大雩僅二十有一。

鄭人來輸平 六年

凡言平者，同志也。伯主鄰國，有平之者也。魯、鄭之平，鄭志也。無與爲介也，書曰「來輸

平」，突然而至，出魯人之意外也。輸者，輸情服罪也。宋、鄭構怨，魯亦以狐壤之役惡鄭而黨宋，此鄭人所大懼也。適公以使者失詞怒宋，鄭得間而輸情悔罪，求平於魯，以孤宋也，此鄭莊之詭謀也。文定所言以利相結，非經文正旨。

宋人取長葛　六年

宋人圍長葛，經年而取之，貪暴殘虐，莫甚於此。時齊、魯方睦于鄭，而莫之救，鄭亦置之罔聞焉。稔禍長惡，以待自斃，鄭莊克段之故智也。厥後會于防，會于中丘，以王命合三國之師伐宋，而取其邑，又取其師于戴。鄭之報宋，抑又甚矣。

戎伐凡伯于楚丘以歸　七年

凡言伐者，聲其罪而討之也。初，戎朝于周，發幣于公卿，凡伯弗賓戎，以是爲凡伯罪，要于楚丘而侵辱之。其梟張恣肆，目無王章之狀，可想而見矣。而天王、伯主卒置而弗問也，衛之君臣若罔聞也。凡伯亦恬然受之以歸，則歸也，一若凡伯果有罪，而戎之辱之，合乎聲罪致討之義也者。世道人心至此，尚可言哉！

三月，鄭伯使宛來歸祊。庚寅，我入祊 八年

汪氏曰：「鄆、讙、龜陰，書來歸，此亦書來歸，蓋鄭莊貪魯人之易許而歸祊，齊景服聖人之德化而歸田。雖義利不侔，而歸皆出於中心之誠，非勉强使之歸也，故皆書曰來歸。」按：歸者，易詞也。來歸者，彼自樂於歸，出我意外也。定四年書齊景來歸田，不云我受者，言歸則歸我可知也。此言歸，又言入者何？入，逆詞也。祊田，鄭先君受之天子，鄭之歸我何爲者？我忍受而有之乎？不言入我，而言我入者，欲魯人之問諸心而求諸理也。在鄭曰歸，在我曰入，入則非歸矣。濟田還，而言取，無王命也。此言入，又甚於取矣。

宿男卒 八年

諸侯不生名，死則名之，以別於先君也。若如生時稱國稱爵，則莫知誰何矣。然仁人孝子之情，聞名心瞿，况可得而稱謂乎？此周人立謚之法爲最當也。惟當未有謚之先，則不得不名，故名自卒之日始，至賜謚而易焉。此惟鄰國爲然，臣子則終有所不忍，故天王及本國之君皆不名。卿以下生可名，死之名不名，惟其人也。滕侯、宿男，諸侯也，書卒不名，缺文也。

宋公、齊侯、衛侯盟于瓦屋 八年

齊欲平宋、衛于鄭，將盟于瓦屋，已有期矣。宋公以幣請衛侯，先遇于垂，謀要鄭去公子馮也，鄭不從則可弗會矣。而猶會者，宋爲盟主，與鄭絶也。家氏曰：「東遷之始，諸侯未盡畔王。前年宋連四國之兵伐鄭，是年盟三國諸侯，不以王命行事。春秋於參盟會伐，皆以宋爲首，正其無王之戮也。」

公及莒人盟于浮來 八年

盟宿諱不言公，此云「公及」者，莒，小國也；人，微者也，本不敢冀公之接之，而公自樂與之盟，不以爲辱也。雖然，卑而可踰，君子不爲。

三月癸酉，大雨，震電。庚辰，大雨雪 九年

震電非時，異也。既震電矣，越八日而大雨雪，尤異也。公羊曰：「俶甚也。」

翬帥師會齊人、鄭人伐宋 十年

下書公敗宋師于菅，是公親帥師也。此云翬帥師者，翬不待期而先往，擅權專兵之罪著矣，

故重惡而特誅之。

宋人、蔡人、衛人伐戴，鄭伯伐取之 十年

鄭以王命伐宋，報長葛之役也。使來告公，公亦怒宋，故會齊、鄭伐之。鄭師未還，宋合衛人乘虛入鄭，比鄭師至郊，乃舍鄭伐戴，蔡人從之。戴，鄭之附庸也。鄭師駐郊，伺其攻戴而扼之。戴鬬於前，鄭攻於後，一舉而敗三國之師。曰伐，又曰取，伐而俘其衆也。取者，易詞也，如探囊取物也。三國稱人，貶也。鄭何以稱爵？若曰不勞而取三國之師。此鄭伯之以奇勝也，目乎其人，所以甚鄭伯殘虐詭詐之罪也。

公及齊侯、鄭伯入許 十有一年

伐許而入之，鄭志也。先言會，後言及，義無所取焉。

春秋鈔卷之二

桓公

公即位 元年

凡元年不書即位者，不行即位之禮也。隱將讓桓，故不書即位，餘則繼故也。桓、宣即位，與弒也，彼欲掩其弒君之罪，而行即位之禮。史官據實書於册，聖人因之而不削，正以即位明其與弒也。告廟而臨群臣，即位之禮也。胡傳謂凶服不可以入廟，引伊尹祠于先王爲冢宰攝行之證。然曰奉嗣王，曰祇見厥祖，明明伊尹奉太甲祇見也，豈得謂伊尹攝行乎？朱子云：「易世傳授，國之大事，當嚴其禮。而王侯以國爲家，雖先君之喪，猶以爲己私服。」此定論也。

鄭伯以璧假許田 元年

陽虎竊寶玉、大弓，既而得之，書曰「得寶玉大弓」，志幸也，如本無而新獲也。許田，賜之成王，受之周公，是即魯君世守之土疆也，奚翅寶玉、大弓之爲重器哉！鄭人得而有之，是竊也，非易也。先歸我泰山祊，又重之以璧，穿窬之術工矣。魯爲所愚而不悟，君臣皆在醉夢中也。書曰「假許田」，爲魯諱也。凡物有假，即有歸，冀幸將來之復歸也。此聖人開一國遷善之門也。

滕子來朝 二年

滕、杞稱子，史據會盟赴告之詞書之。蓋國勢微弱，謙卑屈損，以尊大國也。而魯之不能保恤小國可知矣。

公會齊侯、陳侯、鄭伯于稷，以成宋亂 二年

主此會者，公也。明會故，重惡乎公也；不明會故，則有似乎會以討賊，而貪賂而退也。貪賂而退者，諸侯也；甘心助賊者，公也。公亦弑君之賊也，成宋即所以自成也。杜氏以成亂爲平亂，劉原父駁之。蓋平者，治也，亂而治則不亂矣，成者，成始成終也，亂無已時也。向使諸侯以王命討殺宋賊，擇賢而親者立之，大義伸而人紀正，平亂之功偉矣。顧自魯桓弑君自立，宋莊繼之，卒逃天誅而享有爵土。羽父、華督之徒，富貴累世，遂使春秋二百四十二年中弑逆不絶書。烏乎！誰創弑逆之局，而彌縫掩護，使不至於敗壞以流毒於天下後世。如魯桓者，罪可勝誅哉！

夏四月，取郜大鼎于宋。戊申，納于大廟 二年

納鼎大廟書日，明非常過惡比也。書日間有取義者，此類是也。

春正月 三年

春秋弑君自立卒能有成者，自桓始，故聖人痛惡之。其時所載會盟、朝聘、征伐之事，貶桓者十居八九。至十四年，紀月不稱王，聖人之意傷之矣。元、二年稱王者，冀王之討賊也，而竟不討，是無王矣。十年何以稱王？胡氏曰：「天道十年一周，數窮必返，宜其見誅於天人也，是以稱王也。」十八年稱王，桓以是年斃也。

齊侯、衛侯胥命于蒲 三年

林氏音注云：「惟天子稱命，諸侯不請命而私相命，於是始。」按：凡盟詞皆謂之命，孟子言「葵丘五命」是也。人情狙詐，約言不信，故歃血誓神而爲盟。此云胥命者，命而不盟也。胡傳備矣。

齊侯使其弟年來聘 三年

會齊侯于嬴，自求昏，不由媒妁也。齊侯送姜氏于讙，國君越境，親送其女也。公會齊侯于

讙，會齊侯，非親迎也。至自齊，不言「以」，已見公也。弟年來聘，致夫人也。均之非禮，詳志之，以見亂本。

有年 三年

書「有年」，明前此之久無年也，與宣十六年「大有年」同。胡傳謂桓、宣得罪於天，宜獲凶歲，而以有年爲變異。然凡言祥瑞者，皆虚象，若有年則實，實有年也。豈有時和年豐、家給人足，而不謂之慶祥者乎？

春正月甲戌、己丑，陳侯鮑卒 五年

孫氏明復曰：「甲戌之下有脱事。」劉原父曰：「春正月甲戌，此無事。何以無？無聞焉耳。或曰陳侯之弟佗殺陳世子，免云爾，闕也。」此二説足證三傳之誤。

齊侯、鄭伯如紀 五年

左氏：「齊侯朝于紀，欲以襲之，紀人知之。」按：如，往也，非朝也。以齊、鄭之强大，取微弱之紀，如摧枯拉朽耳，何用假朝爲名而襲之耶？竊意紀介齊、鄭之間，二國將分據其地，故齊

侯、鄭伯同如紀，以觀其山川土田，且覘其國勢人心，可取則遂取之矣。

天王使仍叔之子來聘 五年

未受爵，無可稱，故稱仍叔之子。先儒以爲譏世卿，又以爲代父聘，皆非也。

秋，蔡人、衛人、陳人從王伐鄭 五年

書三國從王，褒之也，責齊、晉大國之不從也。三國書人，微者也。諸侯不親從，又不遣卿大夫，責三國也。不言王以三國者，不以王主兵也，王師非鄭伯所得而敵也。不書戰與敗績，凡以存君臣之義也。王不稱天，非天討也。舍亂賊而罪不朝也，鄭莊之罪不容誅，不待貶絶而見矣。

蔡人殺陳佗 六年

胡傳謂佗立踰年，國人不以爲君，故稱陳佗。夫果國人不以爲君，踰年之久，豈無有倡義而起者乎？且佗亦安能立乎其位，而相安無事乎？佗，陳賊也，陳人不討而蔡人討之，故書陳佗，以罪陳人。

子同生 六年

子，世子也。冢子嗣世，自始生而已定矣。春秋書子同生，以定萬世與子之法。後此不書，義已明也。

穀伯綏來朝，鄧侯吾離來朝 七年

滕、杞之朝已非，穀、鄧又自遠來，故名之。

夏五月丁丑，烝 八年

烝，衆也。冬時百物皆成，故備物以祭曰烝。上書「正月己卯烝」，周正月，夏仲冬也。仲冬而烝，禮也。五月又烝者，常祭之外又特祭。如冬烝薦物之多，是瀆而不敬也。

祭公來，遂逆王后于紀 八年

凡言來者，不意其來而來也。僖二十九年介葛盧來，襄十八年白狄來，在彼爲有故，在我則無端也。桓六年實來，非有迫而出奔，自朝曹而來，遂不復也。隱元年祭伯來，無王命也。此經書來、書遂，突然而來，突然而往也。或曰：祭公之來，謀昏于魯也。方與魯謀昏，不復命而遂往逆，祭公雖專，何至於此？或曰：命魯主昏也，既奉王使以主昏命魯，是非無故而來也，胡爲而書來？且主王后之昏者，主嘉讓之辭也，安知非王使受辭于魯，而後往逆于紀乎？本一事也，何爲書遂乎？程子曰：「祭公受命逆后而至魯，先私行朝會之禮，故書來。而以逆后爲遂事，責其不虔王命，而輕天下之母也。」

十有二月丙午，齊侯、衛侯、鄭伯來戰于郎　十年

曰來戰，譏三國也。若曰是戰也，胡爲乎來哉？夫春秋以小怨微隙加兵者多矣，此獨書來戰者，桓公，弒君之賊也，三國不能聲罪致討，是可已，孰不可已乎？夫是以訝其來，不解其何以來，而特書曰「來戰」。三國稱爵，諸侯親帥師也。以齊、衛、鄭三大國之師，諸侯親帥而臨魯境，聲桓弒逆之罪而討之，置君而去，功烈不在桓、文之上哉？

齊人、衛人、鄭人盟于惡曹　十有一年

齊、鄭以紀故謀魯，桃丘之會，公將以衛爲援也。至期而衛不至，中變而從齊、鄭也。是以三國合而來戰于郎，又盟于惡曹，以固黨結怨，故于洮書「不遇」，于郎書「來戰」，而于惡曹之盟則稱人，凡以示貶也。

宋人執鄭祭仲，突歸于鄭，鄭忽出奔衛 十有一年

祭仲執而突歸，忽出矣。出忽立突者，仲也。字而不名，明其爲命卿也。操國之柄而廢立，惟所欲爲，是鄭賊也，命卿云乎哉？明其爲命卿，而削其官，重惡乎祭仲也。突不稱公子，絶之也。曰鄭忽，鄭固忽所有也，有國而不能自立，君不君也，故名之。宋人之黨助亂逆，其罪不待言矣。

丙戌，公會鄭伯盟于武父 十有二年

黄氏曰：「折闞、夫鍾之會，宋欲親魯伐鄭，故數會于魯地，宋爲主也。穀丘、虚龜之會，魯欲平宋、鄭，故數會于宋地，魯爲主也。」按：宋莊立突，意其德己也。突立而絶宋，宋人憾焉，故屢會魯以圖之。殆後公欲平鄭于宋，宋不受平，故五父之會公與鄭盟，而宋不與。張氏洽曰：「魯桓、宋莊、鄭厲皆以篡國而立，交相會盟，紛紛雜合，惟利是視。煩盟瀆信，衹以長亂，王法之所不容也。」

十有二月，及鄭師伐宋。丁未，戰于宋 十有二年

此條上句案，下句斷，「伐」字與「戰」字相呼應。魯、鄭稱兵于宋，以討罪爲詞也。宋何罪

乎？以爲華督弑君耶？誰受宋賂而平之也。以爲責賂于鄭耶？宋人胡爲而責鄭賂也。魯、鄭何不返而自思乎？况桓弑君，突篡國，自負覆載不容之罪而暇討人之罪乎？故聖人直斷之曰：「是往戰也，非伐也。」不言公及鄭伯，蒙上武父之盟也。曰「及鄭師」，統衆也。曰「于宋」，深入也。凡以重二國之罪，而寬宋人之責也。

公會紀侯、鄭伯。己巳，及齊侯、宋公、衛侯、燕人戰。齊師、宋師、衛師、燕師敗績 十有三年

齊、宋、衛、燕，大國也，俱稱師，明士卒之衆也。豈惟蕞爾紀國，螳臂不足當車，即魯、鄭亦非四國敵也。而卒能以少勝衆，以弱勝强，此紀之所以亡也。滅紀者非齊，紀自滅也。至魯人授紀，輕與齊敵，而快意於一戰，所以謀紀者未爲善，而自謀者亦大疏也。厥後會艾、會黄，謀平齊、紀，而齊侯之怒卒不可解。齊、魯之構怨，不肇於是矣。書及之義，胡傳已詳，劉原父駁左例尤精。

宋人以齊人、蔡人、衛人、陳人伐鄭 十有四年

公羊曰：「以者何？行其意也。」穀梁曰：「以者，不以也。」按：小事大，弱事强，理也，勢也。自有以之説，遂開小弱邀倖之門，至勢力相等之國，苟有詞，可執聲罪致討，何患不服，而必

假兵力于鄰國？是志存乎暴虐也。如宋之伐鄭，報宋之役也，非有積怨，深怒于鄭，而以四國之師至於蹂躪其郊牧，焚燬其城郭，墮壞其宮室，惡亦甚矣。春秋書以師者四，宋實開其端，此聖人所重惡也。故以者，與爲所以者一舉，而書人，貶之至也。若夫兵制統于天子，而敢私借而私與，大亂之道也，胡傳備矣。

鄭世子忽復歸于鄭 十有五年

前書鄭世子忽出奔，以失國而名之也。既復歸矣，何以名？忽不能君也。忽何以不能君？是不可不明其故也。凡人君身弑國亡者，大抵貪暴殘民，爲國人所共惡也，否則庸劣無能也，昏愚無識也，優柔不斷也。而鄭昭公有異焉。昭公兩立爲君，未聞有貪暴殘民之政爲國人所惡。方其爲世子也，帥師救齊，大敗戎師，獲其二帥，甲首三百以獻于齊，其非庸劣無能之君明矣。莊公欲用高渠彌爲卿，世子固諫，君子以爲知惡，昏愚者能如是乎？兩辭齊昏，一則曰：「齊大，非我匹也，在我而已，大國何爲？」一則曰：「以君命奔齊之急，而受室以歸，民其謂我何？」當春秋時，雖賢如魯僖、蔡元，亦奔走强大之間，惟命是聽。若昭公之辭昏，何辭嚴而義正也，剛而能斷也！然則何以國亡而身弑乎？吾謂鄭昭之才智，不下於莊公，而獨惜其志驕而術疏也。觀魯班齊饋以後鄭而怒，厥後遂有郎之師，其不能遜順下人，大抵如此矣。若祭仲、渠彌者，畏公之惡已，而謬爲恭謹，遂以爲是在吾掌握中，無能爲逆也，其平日之侮慢取怨，易而無備可知矣。厲公之入櫟也，黨惡者宋、魯、陳耳，他國莫之與也。使告于天王，告于伯主，率鄭國之衆以討之，突欲不服，可得乎？而昭公置若罔聞者，非姑息也，欲甚其罪，使自及焉耳。夫以突之狡獪，比之狂誕無知之段叔，而欲縱其惡而斃之，突不可得而斃也，徒自斃焉耳。故曰忽之不能君，非貪暴庸劣、不明不斷之故，由其志驕而術疏也。説者以忽之不終，由不昏齊之故。夫忽固昏于陳矣，陳何以伐忽乎？且雄狐之恥，較之亡國，不更有甚乎？或曰忽未嘗被弑，凡弑君者，春秋未有不書者也。不卒者，不赴于魯也。

許叔入于許 十有五年

書字，褒也；書入，貶也，與紀季書法同。然紀季從貶處轉説到褒處，許叔從褒處轉説到貶處。蓋季之入，入齊也，攜邑而入仇人之國，忠臣志士所不爲，聖人以爲不得已而爲存祀計，其意則可嘉耳。若叔之入，入許也，興復之功大矣，但惜其乘亂而復，不由王命，爲非正耳。此春秋責備賢者之意也。後書公會齊侯于艾，謀定許也。齊、魯助鄭蔑許，至是而謀定許叔。聖人書之，善二國之能改過也。

郳人、牟人、葛人來朝 十有五年

旅見諸侯，事天子禮也。郳、牟、葛人聞天王之喪而不赴，比肩而朝于魯，朝者與受朝者，厥罪俱不容赦矣。

冬十有一月，公會宋公、衛侯、陳侯于袲，伐鄭 十有五年

三國欲伐鄭，疑而未決。疑者於義也，昭正而厲篡也。迨會袲，而伐鄭之謀決矣。明知其非義而爲之也。是年蔡不與，明年春爲要蔡而會于曹，故序蔡于衛上。陳侯有定約，不假再會。夏四月伐鄭，乃以爵序。

衛侯朔出奔齊 十有六年

朔拒王命而復國，故於出奔書名，惡之至也。

夏五月丙午，及齊師戰于奚 十有七年

「春，盟于黄」，傳云：「平紀，且謀衛也。」按：謀衛，齊志也；平紀，魯志也。魯欲平紀于齊，而齊侯終不釋怨。至夏遂侵我疆，而戰于奚。不言齊侵，而書「及」者，重責魯也，怨結于會

紀敗齊也。穀梁云：「内諱敗，舉其可首者。不言其人，以吾敗也；不言及之者，爲内諱也。」

秋八月，蔡季自陳歸于蔡 十有七年

蔡侯無子，季次當立。蔡侯欲立獻舞，而疾害季。季辟之陳，是蔡季之去，讓國也。然季之賢，不難乎其去，而難乎其歸。君在則出，君薨則返，迹近於争國。藉非忠誠素孚於人心，不惟獻舞，君臣疑忌不免，且恐國人愛戴尊奉，而變生於不測。若蔡季者，遠不攜，邇不迫，心如皦日，何嫌何疑？此聖人所深嘉也。張元德曰：「復國於危疑之際，考之書法，惟蔡季爲善。以其潔身而去，一無争心，念念家國，聞召即歸。能遠禍於未然，不悻悻以爲高。其去就合宜，故春秋貴之。」

及宋人、衛人伐邾 十有七年

盟黄，未幾而戰奚；盟趡，未幾而伐邾。此屢盟所以長亂也。奚之戰，齊侵我疆也；邾之伐，宋志也。均稱「及」者，齊之侵我，我自取也。宋强邾弱，我不能衛邾，而附宋伐之，是畏强凌弱也。

春秋鈔卷之三

莊公

夫人孫于齊 元年

穀梁云：「孫之爲言，猶孫也，諱奔也。不言氏姓，貶之也。人之於天也，以道受命；於人也，以言受命。不若於道者，天絶之也；不若於言者，人絶之也。臣子大受命。」穀梁此論深得春秋之旨。凡國邑、籍屬、姓字，應書者不書，皆不若於言也；不若於言者，即不若於天也。人絶之，即天絶之也。胡氏寧曰：「婦人絶於外則云姓，絶於内則去氏，内外俱絶，則姓氏皆去。」

按：絶於外者，齊不以爲女也；絶於内者，魯不以爲母也。哀姜之罪輕於文姜，齊人殺之，以其喪歸于魯，齊不以爲女也，故於其喪之至不書姜。齊既以其喪歸，魯不得不受，故不去其氏。若文姜弑夫，其罪尤重，魯人當以義斷恩，故并去其氏。此後書姜氏者絶之義，已見於此也。

單伯逆王姬 元年

單伯，魯之命卿也。魯主王姬之嫁，先迎王姬至魯，而後嫁之。不言公使者，不與公使單伯逆王姬也。不言如京師者，不與王使魯主昏也。

王姬歸于齊 元年

魯主王姬之昏，常事也，何以書？病公也。居喪不可主昏，况王姬之婦歸于齊乎？二年書「王姬卒」，亦以齊故。卒王姬者，公爲王姬服也。不書齊人逆，不與齊人逆王姬于魯也。

公子慶父帥師伐於餘丘 二年

於，發語詞。餘丘，邾邑也。有鐘鼓曰伐，伐邑猶伐國也。慶父專兵，義繫乎帥師，不繫乎稱伐。

春王正月，溺會齊師伐衛 三年

伐衛納朔黨，惡也。喪未三年而興師伐國，忘哀也，况會仇讎伐同姓乎？溺不稱公子而書名，貶也。

紀季以酅入于齊 三年

先儒謂紀季以酅入齊，爲五廟計，故賢之而不名。吾謂書字而不名者，憫之耳，恕之耳，非以紀季此舉爲賢也。申包胥秦廷一哭，全楚皆復，況紀尚未亡。季果賢，豈遂束手無策哉？公子、公孫國亡，與亡分也。萬一事不可爲，君臣、父子、昆季背城一戰，以死社稷，不愈於辱身以乞一綫之祀哉？且披國以歸齊，情則可諒，而迹近於叛。吾恐後世亂臣賊子有欺君賣國，以事仇讎者，未必不藉口於紀季存祀之説也。書曰「入于齊」，入者，逆詞也。季之歸齊，非人臣之正道也。明於書「入」之義，而後知春秋雖略迹原心，而大義凜然，一毫不容假易，此所以爲史外傳心之要典也。至紀侯既使其弟歸齊，而不能以身殉國，書「大去」，譏也。不去爵，猶之季之不名也，憫之也，恕之也。

公次于滑 三年

此救紀也，不書救者，本無志於救也。不共戴之仇可忘，何有於紀乎！

齊侯、陳侯、鄭伯遇于垂 四年

兩君不期而會曰遇，三國也可言遇乎？所事之倉卒、詭秘可知矣。經於鄭人廢立事多略，子亹不足道，子儀立十四年，其立、其弑俱不書者，子儀立不以正，猶乎厲公也。且自九年突入于櫟，已儼然君鄭矣。故十四年中，經稱鄭伯皆謂厲公。

冬，公及齊人狩于禚 四年

齊稱人，貶也。冬而狩，常事也，於齊侯乎何貶？自桓公薨，凡書齊襄事，但涉公則深惡而貶絶之。以此知莊公之忘親釋怨，罪不勝誅也。

夏，夫人姜氏如齊師 五年

于禚曰會，于祝丘曰享。會猶暫也，享則宴樂流連矣。至是直曰如師，如則并不假會、享之名矣。于禚、于祝丘，猶記其地，如師則隨其師之所在，無常所矣。二年于禚，四年于祝丘，六年如師，猶一歲一會也。七年春于防，冬于穀，則一歲兩會矣。文姜、齊襄不足責也，莊公何以爲人爲子乎！魯之臣民能無愧憤乎！

王人子突救衛 六年

衛朔有罪，王命立黔牟，五國黨朔而伐衛，大于王命。子突奉命帥師救衛也，討五國也。壯哉！天威赫濯，大張撻伐。春秋王師之出，未有善於此者矣。使五國翻然改悟，逐朔定衛，然後朝於天子，徵詞請罪，一舉而王綱振，亂賊懼矣。計不出此，而怙惡不悛，使天王之命終周之世不行於天下，五國之罪尚可言哉！

冬，齊人來歸衛俘 六年

逆王命而黨弒逆，三國君臣獨無人心乎！迨觀齊人歸俘，乃知貨賄之壞人心術不小也。

公伐齊，納糾，齊小白入于齊 九年

盟蔇之大夫，糾黨也，非衆志也，故納糾，必先伐齊。凡言納者，不宜納也。曰齊小白，明小白宜有齊也。書入，不書公子者，無王命也。

八月庚申，及齊師戰于乾時，我師敗績 九年

内不書敗，此言敗者何？師出以名，名正則敵自服。若以不共戴之仇，痛哭興師，則大義伸而士氣憤，何敗之有！乃舍曰復仇，而以納糾爲詞，是自取敗也。十年敗齊于長勺，傳云：「不言伐而言敗，意責魯也。」莊公忘親釋怨，而以納糾構兵，敗齊與敗于齊，其責均也，故不諱言敗。

九月，齊人取子糾，殺之 九年

子糾猶言公子糾，親詞也。故鮑叔帥師來，言曰：「子糾，親也。」納不書子，不當立也；殺書子，不當殺也。曰齊人，君臣皆譏也。曰取，易詞也，穀梁云：「病内也。」

公侵宋 十年

長勺敗齊師，乘勝侵宋，無名之師也。是以有郎與鄑之役，而宋、魯之結怨深矣。

齊師、宋師次于郎，公敗宋師于乘丘 十年

左氏：「齊師、宋師次于郎，公子偃曰：『宋師不整，可敗也。宋敗，齊必還，請擊之。』公弗許。自雩門竊出，蒙臯比而先犯之，公從之，大敗宋師于乘丘。齊師乃還。」按：齊、宋報伐，非有積怨深怒於魯，故師次而不遽進，以俟魯之服。此時遣一介之使，即可退二國之師。計不出此，而徼倖取胜，以快意於一时，而结怨於强国，公子偃之誤國甚矣！

公敗宋師于鄑 十有一年

左傳：「夏，宋爲乘丘之役，故侵我。公禦之，宋師未陳而薄之，敗諸鄑。」按：乘丘之役，

宋、魯交譏，至是宋侵我，而公敗之。不書宋侵，止稱公敗宋師，則專責魯矣。不思平怨息争，而以詐謀取勝，一之爲甚，豈可再乎！胡氏無傳，義已見於乘丘傳也。

宋萬出奔陳 十有二年

宋殺萬不書，未據宋告也。魯、宋之結怨久矣，萬弑君而奔則告，冀魯之釋憾而謀宋也。魯卒不爲宋謀，是以殺萬而不告。何以知魯之不爲宋謀？北杏之會，諸侯謀定宋而魯不與，以是知魯之不爲宋謀也。閔公不葬，亦由宋人未告之故。胡傳謂陳人黨賊，故不葬公。夫弑君之賊已就戮矣，豈因陳人黨賊而不葬公乎？且以陳人受萬爲黨賊，宜也。以獲萬歸宋，而責其黨賊，亦近於刻矣。

春，齊侯、宋人、陳人、蔡人、邾人會于北杏 十有三年

王降而伯，自此始，伯業興而王迹益衰矣。然猶幸有伯也，伯以尊王爲名也。四國稱人，貶從伯也。貶四國，即所以貶齊也。齊稱爵，予齊伯也。予齊，即所以予四國也。一事而褒貶兼焉，此類是也。

春，齊侯、宋公、陳侯、衛侯、鄭伯會于鄄 十有五年

齊桓平宋亂以圖伯，諸侯服從而有北杏之會。魯怨宋，又讎齊，故不與焉。柯之盟，齊志也。齊求伯，以得魯爲重也。齊、魯合，而宋人背北杏之會。齊帥近宋之陳、曹伐之。稱人，將卑師少也。魯新盟於齊，故遣單伯往會，始不與謀，故後期也。伐宋而宋服，於是再會鄄，齊伯自此始矣。左氏以單伯爲周大夫，誤也。凡稱某會、某及者，皆言内也，若王人則序於主盟之上矣。或云春伐宋而宋人不服，至夏乃請于王，王命單伯會伐。若魯師往會，即後期，何至相距一時之久？不知凡事不可以月計者，則書時。即季春歷孟夏，雖計日在三旬之内，亦不書月而書時也。

宋人、齊人、邾人伐郳 十有五年

郳爲宋附庸之國而叛宋，故齊侯爲宋伐之。序先宋，主兵也。

秋，荆伐鄭 十有六年

齊會諸侯伐鄭，左氏曰「宋故也」。鄭間宋伐郳而侵宋也，荆伐鄭，曰「爲不禮故也」，鄭伯入而緩告于楚也。然此皆齊、楚之託詞，其實志在争鄭也。是時齊方圖伯而攘楚，楚亦浸强而北

侵。鄭當南北之交，爲中外要領之國，齊不得鄭則不能南向，楚不得鄭則不能北侵。終春秋之時，南北争鄭，幾無寧日，自兹始也。

會齊侯、宋公、陳侯、衛侯、鄭伯、許男、滑伯、滕子同盟于幽 十有六年

同盟于幽，諸侯無不從齊矣。胡氏謂：「諱不言公者，以魯首叛盟，惡不信也。何謂叛盟？納鄭詹，受齊逋逃也。」竊意詹被執而逃，偷生辱命，鄭之罪臣也，於齊何負乎？且詹之來，由魯歸鄭也，魯未嘗納而留之也。以此爲受齊逋逃而責公不信，未爲通論矣。經不言公會，文脱也。

齊人執鄭詹 十有七年

齊執鄭詹，左氏以爲「不朝」。冬會而春責其不朝，何以服鄭？或曰爲鄭侵宋故，既同盟于幽，而又追咎其已往，亦鄭所不受也。鄭當南北之交，從違無定。詹爲用事之臣，故執之以示威，而以侵宋不朝爲詞，此伯之所以爲伯也。

夏，齊人殲于遂 十有七年

左傳：「遂因氏、頜氏、工婁氏、須遂氏饗齊戍，醉而殺之，齊人殲焉。」按：不曰遂殲齊人，

而曰齊人殲于遂者，齊人自殲也。遂亡猶稱遂者，穀梁曰「存遂也」，春秋存亡繼絶之義也。

公子結媵陳人之婦于鄄，遂及齊侯、宋公盟 十有九年

凡會盟必先爲期，齊、宋未與魯期，公子結何因而至？前竊意盟由公命，而媵其私事也。以君命爲遂事，結之罪大矣。稱公子者，譏公子寵愛親屬而任用非宜也。

夫人姜氏如莒 十有九年

齊襄死已十年，文姜老矣。一至齊，合二國也，猶可言也。兩如莒，何爲乎？無恥如文姜，猶人瘋病迷瞀，動止無常而不自知。莒亦齊、魯姻婭之國，莫禁其往，則往耳，非必有所爲也。律例：治瘋病者，禁錮之，使不得出，魯人之于姜當如是矣。

齊人、宋人、陳人伐我西鄙 十有九年

外事略，内事詳，史例也。外侵伐，無論國、邑，概書侵某、伐某。内邑則書侵。伐我某邑曰西鄙者，聖筆也。凡邑皆言鄙，不必邊陲也。鄙者，遠之也，穀梁曰「不以難邇我國也」。哀之編齊書伐我，吴伐我則及國都矣，舊史亦必直書。經曰伐我，亦聖筆也，猶之伐邑稱鄙也。

陳人殺其公子御寇 二十有二年

左氏："陳人殺其太子御寇，陳公子完與顓孫奔齊。"後儒以其事類於晉申生、重耳，遂以御寇之殺由陳侯。果爾，則當書"齊侯殺其世子御寇"，不當言"陳人殺"也。言"陳人殺"，則非陳侯明矣。公子爲國人殺，公子之爲公子，可知陳侯不能庇其子。殺者任其殺而不治，奔者任其奔而不返，尚可以爲君乎！

及齊高傒盟于防 二十有二年

齊、魯之不睦久矣，至是盟于防，將以求好而納幣也。不言公，諱也。

夏，公如齊觀社 二十有三年

禮記："惟爲社田，國人畢作。"齊俗每因社祭則蒐軍，以夸示威衆，而聚人觀之，非禮也。公越境往觀，尤非禮也。穀梁以爲尸女，穿鑿鄙俚之論，於經義無當。

刻桓宮桷 二十有四年

丹楹刻桷，雖天子亦無此制，非禮之甚也。穀梁以爲飾夫人，深文醜詆，反失經旨。

夏，公如齊逆女。秋，公至自齊。八月丁丑，夫人姜氏入。戊寅，大夫宗婦覿用幣 二十有四年

諸侯使卿逆女，親迎於所館，禮也。莊公自逆於齊，而先還，書曰「如齊」，曰「至自齊」，一若公自往自還，於夫人無與者，譏失禮也。夫人不至，非不至也，變文爲入。入者，難詞也。穀梁曰：「宗廟弗受也。娶讎人子弟，以薦舍於前，義不可受也。」不寧惟是，叔牙、慶父子亂，子般、閔公之弑，幾危社稷，祖宗有靈，能無歎息痛恨乎？宗婦覿用幣，女用男贄，是男女無别也。曰大夫宗婦，明覿者爲大夫妻，非大夫妻不與也。先儒謂男女同覿，恐未必然。

戎侵曹，曹羈出奔陳，赤歸于曹 二十有四年

此必莊公在日，欲立庶子赤而未能，故世子羈嗣位而赤出。羈不能君，戎侵之，國人畏戎，逐羈而逆赤。羈繫國，明其爲世子，宜有曹也。既立而不稱爵，不能君也。赤不繫國，不宜有曹也。不稱公子者，挾戎以篡其兄之國，削其屬籍也。曰歸，易詞也，羈已先出也。

曹殺其大夫 二十有六年

此專殺大夫之始也。曹僖篡國，濫刑示威，以圖固位。而所殺之大夫無足重輕，故不稱名氏，義不繫乎是也。

公子友如陳，葬原仲 二十有七年

先儒云：公子友如陳葬原仲，無以異於葬諸侯之使，以是知友之行，公命之也。公之命友，與友之受命而往，均非也，蓋交譏焉。

杞伯來朝 二十有七年

伯姬來而杞伯朝，假伯姬以託魯，杞之不自振可知矣。

三月甲寅，齊人伐衛。衛人及齊人戰，衛人敗績 二十有八年

齊伐衛，聲罪致討也，衛人服則不戰矣。是戰由衛人也，故稱衛人。及書日者，明齊以是日來伐衛，即以是日與戰也。齊稱人，貶也。助子頹者，衛朔也，朔存齊則庇之矣。今伐其嗣子，又取賂而還，討罪之師顧如此乎！

大無麥禾 二十有八年

大無者，四境之内皆無也。若如舊説，費用浸廣，調度不充，是君無，非民無也。一年之内，水旱頻仍，不勝書，故於冬總言之曰大無麥禾。其爲天時人事俱歉可知矣。先儒謂農民失業，

非關歲災，亦未爲確論。

夏，師次于成。秋七月，齊人降鄣 三十年

此經舊説不一，或云魯將會齊脅鄣，至成待命。鄣，微邑也，齊一國脅之而有餘，何用借師於魯乎？或云齊將降鄣，魯師次成以設備。齊、魯方睦，齊降鄣，於魯無與也，何用設備乎？或云欲救鄣而次成。齊伯方盛，莊公事齊最恭，齊降鄣，魯敢以師救乎？竊意鄣爲故紀附庸，介於齊、魯之間，紀亡二十餘年，鄣無所屬，魯將取之，師至成，聞齊已加兵，故次于成。鄣，畏齊而降，魯師乃退。倘齊不能服鄣，則魯乘其敝而滅之矣。曰師次于成，曰齊降鄣，蓋交譏焉。

葬紀叔姬 三十年

紀叔姬書卒、書葬，賢之也。

公及齊侯遇于魯濟 三十年

先儒俱以魯濟之遇，爲謀伐山戎。然伐山戎者齊也，魯不與焉。曰公及，内爲志也。于魯濟者，桓公之謙也，是必别有故焉，非謀山戎也。

齊侯來獻戎捷 三十有一年

獻者，下奉上之辭也。曰獻捷，抑齊桓也。曰齊侯來獻，抑之至也。知此義，而好大喜功者廢然返矣。文定謂此稱齊侯，可知伐戎乃齊桓親往；書人者，貶也。竊意山戎距齊千有餘里，自冬歷夏乃獻捷，勤兵伐遠，曠日持久，即不親往，何解於春秋之譏乎？山戎非楚匹也，楚尚未服，何有於山戎！

城小穀 三十有二年

小穀，魯邑也。莊公屢興工作，不恤災而勞民，不仁甚矣，故屢書以示貶。

宋公、齊侯遇于梁丘 三十有二年

左氏：「齊侯爲楚伐鄭之故，請會于諸侯。宋公請先見于齊侯。夏，遇于梁丘。」梁丘去齊八百里，齊從宋請，遠與宋會。齊桓謙抑，不自恃其爲伯主也。不曰會，而曰遇者，將大會諸侯而先與宋會，其禮簡也。先宋後齊，序王爵也。自非大會盟，必推宋先，此桓之所以謙尊而光也。伐郳之役，胡傳以齊伯未成，故離先宋，非確論也。

公子慶父如齊 三十有二年

子般卒，下接書「慶父如齊」，明慶父弑般也。如齊，非奔，懼而援齊也。或曰告立，亦非。此時閔公尚未立也。

閔公

吉禘于莊公 二年

禘祭有二，五年一禘之禘，王者之祭也，王者祭始祖之所自出，而以始祖配之，此尊尊之及於遠，而無可復加也，故曰不王不禘；其一曰吉禘，三年喪畢，合四親及群毁廟之主，祭於太廟，與大祫同，云吉禘者，或曰用禘之盛樂，故名禘。或曰：禘者，諦也，合祭於太廟，以審定昭穆，而致新死者也。若王制「天子犆礿，祫禘，祫嘗，祫烝」，此所謂禘，礿也；其曰礿者，祠也。或曰殷祭名，或曰文誤也。祫者，合也，祫祭亦有二，一時祫，一大祫。時祫，即王制「祫嘗，祫烝」，合四親於太祖之廟而祭之也，犆則各祭於親廟焉耳。大傳云：「大夫士有大事」，「于祫及其高祖」。蓋有曾廟者，得祭高祖於曾廟，止有禰廟者，亦得祭高曾祖於禰廟也，是諸侯以下皆得時祫也。大祫則三年一舉，合四親與群毁廟之主祭於太廟。必三年者，天道三年一變，感時而動，追遠報本之念也。天子三年一祫，五年一禘，不疏不數也。諸侯無禘，有大祫，吉禘亦大祫也。大夫以下有功者，得時祫而無大祫，此尊卑之殺也。莊公之喪未除服而即吉，非禮也。不於太廟而於寢，尤非禮也，慶父爲之也。然則僖公八年，禘于太廟，其亦吉祭而致哀姜歟？曰：哀姜之死八年矣，不應至是復舉吉祭而致之也，此郊禘之禘也，夫人成風也。成風自以爲母緣子貴，欲與於籩豆之事也，僖公不敢違，季友不能争也。

齊高子來盟 二年

元年，仲孫來恤魯難也，故書字以予之。然不請討弑君之賊，而欲待其自斃，故書「來」以譏之。左氏：「桓公問仲孫曰：『魯可取乎？』」蓋憂魯之甚，慮其爲人所取，非己欲取之也。落姑之盟，閔公請復季友，桓公許之，使召諸陳，而季子歸，恃有齊爲之援也。齊固慶父之所畏也，仲孫之來，正季子歸魯之日。其所以堅季子爲國之志，而示魯人以邦交之固者，有深意存焉。文定以爲齊將取魯，使仲孫來覘虚實，非也。齊桓之伯，嘗存三亡國矣，豈有周公之後、姬姓之長，而欲乘危而取之，尚可以服諸侯爲伯主哉！二年高子來盟，在僖公既立之後，此時慶父已奔，魯國粗定，猶復遣使來寧，其爲魯謀何惓惓也，故稱子以美之。美高子者，所以美齊侯也。不言使者，陸氏謂受命不受詞也。公羊云：「桓公使高子將南陽之甲，立僖公而城魯。或曰自鹿門至于争門者是也，或曰自争門至于吏門者是也。魯人至今以爲美談，曰猶望高子也。」此論最確。

鄭棄其師 二年

有衆而棄之，何以爲國乎？惡高克而自棄其師，鄭君臣之愚極矣，高克不足責也。

春秋鈔卷之四

僖公

齊師、宋師、曹師城邢 元年

再言齊師、宋師、曹師者，若曰此即次于聶北之衆也。以此衆戰，誰能禦之？乃以救邢之師爲城邢之師，惜哉！

夫人氏之喪至自齊 元年

桓公之殺哀姜，以義奪恩也。稱齊人，討賊之辭也。然既以爲魯賊而殺之，又以其喪歸于魯，未嘗熟思爲魯君地也。齊既以歸，魯能不受乎？先儒以齊人殺哀姜于夷，以其喪歸齊，僖公請而歸之，故以歸之後越百有七十日始至。夫以歸云者，從其後而言之，非謂薨之日即以歸也。若云僖公請于齊，則當云某如齊，以夫人氏之喪至，不當云齊人以歸，又云至自齊也。

城楚丘　二年

此書内事也。城衛之諸侯，史官未據告也。先儒以經文略，爲罪專封，非也。閔二年書狄人入衛，其不據有衛地可知矣。但人民潰散，宫室毁壞，且密邇狄人，不可復居，故戴公廬于曹，文公徙于楚丘，衛之疆土未嘗尺寸亡也，不亡，何待封乎？若以無王命而城亡國爲專，則城邢、城杞皆專也。以邢爲自遷，則楚丘亦自遷也。以爲迫于狄人，不得已而遷，則皆不得已也。然則三國之「城」無以異乎？曰城則一也，所異者，于邢則救而緩，于杞則遠不及救，于衛則竟不救耳。凡此皆可即事而考其義，比觀而求其故，不關乎文之詳略也。城邢，上無所承，故獨詳；城緣陵，蒙上會鹹，先目後凡也；城楚丘，承前狄入衛，來歷已明，無待煩言也。

徐人取舒　三年

徐取舒，齊命之也。江、黄、徐、舒，楚之與國也。三國服齊，而舒附楚，是以命徐取之。

秋，齊侯、宋公、江人、黄人會于陽穀　三年

齊桓之服楚，其慮周矣。當日諸侯之反覆難信者，宋也；其畏楚而懷貳心者，鄭與蔡也。江、黄、徐、舒，本楚之黨與也，故齊桓于宋及江、黄會盟者再。將出師，又令各國先後受盟。恐

洩機，故不大會諸侯而召大夫，下書「公子友涖盟」是也。

冬，公子友如齊涖盟 三年

公羊：「涖盟者何？往盟乎彼也。其言來盟者何？來盟于我也。」啖氏曰：「他國來魯盟者曰來盟，魯往他國盟者曰涖盟，皆爲盟而行，故直以盟爲文也。若因朝聘而盟者，則書聘書如，後乃言盟。」按：春秋書涖盟四，皆爲内言。涖者，臨也，就也，彼不來而我往俯而就之也。此舊史書法，而聖人因之也。

夏，許男新臣卒 四年

書許男卒于盟召陵之上，其爲卒于師可知矣。經無文脱也。

楚屈完來盟于師，盟于召陵 四年

楚，鬻熊之裔，吴太伯之後，何所忌嫉乎？諸侯而攻之無遺力，而聖人筆削舊史，尤屏絶擯斥不少恕，豈非以僭王之故哉？周自平王東遷，王室日替，所存者祭與號耳。今并王之號而竊之，天冠地履之義澌滅盡矣。春秋，尊王之書也，尊王則必黜僭王之諸侯。二百四十二年會盟征伐，大書特書，凡以攘楚、吴之僭也。孟子曰：「其事則齊桓、晉文。」桓、文何事？盟于召陵，戰于城濮，其大概矣。召陵之服楚也，桓公以包茅不入、昭王不復爲楚罪。王氏樵曰：「荆楚僭王，罪之大者也。包茅不入，罪之小者也。舍其大而責其小，仗義執言者顧如是乎？楚，大國也，我以大惡責之，彼肯弭然受責哉？舍其所當責，及其所不當責，則楚人易爲詞，而我之服之者亦易矣。此伯者之用心也。」而吾竊以爲不然。子路問于孔子曰：「衛君待子而爲政，子將奚先？」曰：「必也正名乎。」夫君臣父子，其義一也。然正楚人之名易，正衛君之名難。蓋父子之名正則衛輒不得立，而蒯聵得罪于父，又不可以君衛，非大聖人，處此豈能盡善？此子路所以目爲迂也。若楚人僭號，下令去之而已矣，夫何難之有？向使桓公之責楚也，曰：「君之號爲王，王可二乎？三楚富强甲天下，政刑脩舉，徒以僭號之故，諸侯交相指摘而不服，是君本欲尊上乎諸侯，不圖反來諸侯之譏議也。且前此徐偃嘗稱王矣，徐之爲國，其細已甚，楚之君臣所不屑爲伍也。而儼然先後相繼爲王，亦重爲楚君臣羞矣。周室雖衰，玉步未改，一旦天啟王心，大張撻伐，率六師之衆，深入荆楚，聲詞討罪，欲求爲子男可得乎？君誠下令削王號，朝成周，而請罪于天子，天子必嘉君之能自新，而錫之寵命，天下諸侯其誰不服君之義乎？楚之臣子鮮有忠智能爲君謀者，寡人是以不憚跋涉，率諸侯之師以告于君，君其圖之！」如是則楚人既迫于大義，又畏諸侯之師之强，未必不翻然改悟也。楚去王，則吴、越亦必不敢王。名義正而王綱肅，統一分定，中外帖然，一匡之功莫大于是已。且桓責王祭不共，屈完已服其罪，是猶知有王也。知有王則必悔僭王之非，因其明而導之，言入而聞者足以戒矣。夫以桓之英明、管仲之智謀，詎不見及乎此，而乃舍其大而責其小者？蓋欲挾楚以慴服諸侯，長爲中夏主盟耳。楚人以僭竊之空名，爲齊桓圖伯之奇貨，豈不愚哉！降至戰國，七國皆王，而二周以滅，讀史者未嘗不歸咎于齊桓、晉文也。雖然，召陵盟而中夏不被楚害者三十年，桓之功詎可没哉？書曰「盟于師」，明楚人畏諸侯之師之强而求盟，猶城下之盟也。不言楚子使者，屈完來無異楚子之親來也，楚子一以其事委之屈完也。退次召陵而後盟，禮屈完也。禮屈完者，禮楚子也。往盟曰涖，來盟曰來，書内盟之例也。此曰來盟，内諸侯而外楚也。

齊人執陳轅濤塗 四年

轅濤塗欲辟軍道，其罪小，執之已非矣，一再伐其國，雖荆楚之暴不至于是。果爾則諸侯必不服從，又安能爲首止、葵丘之會乎？意當日必有以陳貳于楚告者，故責而問之。師由陳歸齊，不親伐而命三國、江、黄。稱人，將卑師少也。此時齊桓原無深怒于陳，迨伐陳而陳不服，是以帥諸侯侵之。王氏方麓曾爲此論，似屬可從。然較蕭魚之會，齊桓不如晉悼遠矣，故經有貶詞。

杞伯姬來朝其子 五年

莊二十七年書「杞伯姬來」，又書「杞伯姬來朝。」伯姬自來，杞伯自朝，經文各爲一條。此于「伯姬來」下接書「朝其子」，是專爲朝子而來也。伯姬已老，見國勢削弱，而託其子于魯，志此以見杞之不自振也。若歸寧而子與俱至，因而朝公，常事也，何用書？

公及齊侯、宋公、陳侯、衛侯、鄭伯、許男、曹伯會王世子于首止 五年

首止之會，近于要君，然王世子以此而定，桓之功偉矣。世子不能爲大伯、伯夷，而會諸侯以求定，臣子之義安在？書「會世子于首止」，尊世子也，而聖人之微旨更有在矣。會而不盟者，王世子在也。

晉人執虞公 五年

僖二年，虞師、晉師滅下陽。舉一邑而曰滅者，下陽舉而虢、虞已滅也。虞師滅下陽，虞自滅虞也。虞滅則虞無公矣，昔之公，今之匹夫也。執則執之耳，不言以歸者，不必以歸也。夫以王朝上公，而等于匹夫之羈囚。書執而不去其爵，執者與被執者之罪俱著矣。

公會王人、齊侯、宋公、衛侯、許男、曹伯、陳世子款盟于洮。鄭伯乞盟 八年

首止之會，鄭伯逃盟，於是會諸侯以伐之。伐國不言圍邑，此何以言圍？穀梁曰：「病鄭也，著鄭伯之罪也。」圍而不舉，旋以救許釋圍，而鄭人終未服也。明年復伐鄭，鄭殺其大夫以説齊，懼齊也，非矢心服從也。甯母之會，鄭伯不親來，而使世子，終懷疑貳也。桓公用管仲之言，斥世子華之奸，而綏之以禮，鄭乃悦服而乞盟于洮。甚矣！兵車之不如信義也。乞盟者，乞而後與盟也。

公會宰周公、齊侯、宋子、衛侯、鄭伯、許男、曹伯于葵丘 九年

論者以王崩，桓不率諸侯會葬，而汲汲葵丘之會，爲桓罪，似也。然自首止會盟，定世子之位嗣，是比年糾合諸侯以謀王室，可謂勤且忠矣。葵丘去周不遠，豈有會合諸侯而不葬王者乎？安知非葬畢而後會于葵丘乎？經不書葬王者，魯未會也。公往後期也，是則公之罪也。會而不盟者，天王新喪，人心憂戚，未暇歃盟也。至九月再會乃盟，即前會之諸侯也。會盟雖同地而相距數月，胡傳以重言葵丘爲美詞，非也。

里克弑其君卓 十年

經書「里克弑其君卓」，文定以克持禄容身，速獻公殺適立庶之禍，故正其弑君之罪。夫以臣弑君，即微殺適之故，亦何所逃罪于天地之間？獨是克弑二君，于卓書「弑其君」，于奚齊書「殺其君之子」，爲可異也。解者曰：「奚齊立未逾年也，夫未逾年而稱子，嗣君不忍死其親之意也。自人臣而言，既已北面事之矣，謂之非君，可乎？」愚謂驪姬以奚齊故謀殺申生，是殺中生者奚齊也。子者，世子之稱，奚齊非子也。殺世子，逐群公子，而後乃君之子也。書君之子，明國人不以爲君之子也。然則卓猶奚齊也，何不曰君之子？曰：獻公未嘗以卓爲子也。且經于奚齊明殺適立庶，而不正之義以著。于卓子成其君臣之名，以正里克之罪。先儒論之詳矣。至弑其君與弑其君之子，其弑一也。經言殺，文誤也，當從公羊作「弑其君之子」。

及其大夫荀息 十年

荀息不能正其君，而才復不足以定亂，託孤寄命之大臣固如此乎？尤可怪者，公未嘗以卓子屬息，息以爲奚齊死，公意必在卓子，是君死而猶逢其惡也。卓子之不能君，猶之奚齊。里克不死，能保卓子之不弑乎？爲荀息計，奚齊死，迎重耳立之，僇里克而正其罪，然後以死謝獻公于地下，豈不信義兩立哉？雖然，如息者，可謂受寄不食其言者矣，故稱及，而不去其官。

晉殺其大夫里克 十年

里克，弒君之賊也。鄭父，賊黨也。殺之宜也，不去其官者，殺不以其罪也。

公及夫人姜氏會齊侯于陽穀 十有一年

兩君好會，措婦人于其間，非有軍國謀議之事明矣。桓止知愛其女，僖不知閑其家，勞民費財，以比洽婚媾，故曰桓之志荒而僖不足罪矣。

季姬遇鄫子于防，使鄫子來朝 十有四年

左氏：「鄫季姬來寧，公怒，止之，以鄫子之不朝也。夏，遇于防，而使來朝。」按：鄫子不朝，鄫子誠有罪矣，以不朝故怒鄫子而止季姬，公不已甚乎！季姬遇鄫子而使朝，禮也。鄫子來，遇僖公，聽其遇，均失之矣。不言鄫季姬者，絶也，穀梁自擇配之説，無稽甚矣。

遂次于匡 十有五年

諸侯方盟于牡丘，突而曰「遂次于匡」，未知何所適而次也。繼書大夫帥師，乃知救徐而次也。何不如救邢？書法云各國之師次于匡救徐，曰救徐者大夫，次于匡者諸侯也。假而大夫帥

師往救，諸侯繼之次于匡以待，是救者不次，而次者無非救也。今先書「次」，後書「救」，蓋師至匡，聞楚兵方盛，諸侯畏而不前，大夫之遣，觀望塞責耳，非真往救也。是次者不救，救者無非次也。

宋人伐曹 十有五年

齊桓主盟，内諸侯不相侵伐者三十年，至是桓志荒，伯業衰矣，故宋以舊怨伐曹。

晉侯及秦伯戰于韓，獲晉侯 十有五年

不書伐與以歸者，怒秦伯以甚晉罪也。謂秦無罪，則疏矣。

春，王正月戊申，朔，隕石于宋五。是月，六鷁退飛過宋都 十有六年

隕石，天變之甚者，隕石于正月元日，甚之又甚也，故書日。六鷁退飛，亦在正月之内，無中事間隔，故曰「是月」，見天變之疊見也。餘義公、穀最精。

夫人姜氏會齊侯于卞 十有七年

公在會而魯滅項，桓以是責公，夫人要桓公于卞，以求釋憾，非禮也。桓公、聲姜，父子也；

鄫子、季姬，夫婦也。遇防、會卞，各有所爲，非得已也。而春秋皆有貶詞，男女之别嚴矣哉！

公至自會 十有七年

僖公之時，政未逮于大夫，斷無公在會而臣子敢興師滅項之事。此必公未出時，已有成命也。内滅國，書取，諱也。此復以書滅爲諱，以公在會而歸咎于大夫也。齊桓以此責公，事或有之，若謂執公于會，則必不然。四年執陳轅濤塗于召陵，春秋尚書以示貶，況無王命而執諸侯，何爲没而不書乎？且桓之執公，以其滅項也，何不責公復項以存亡國乎？凡會盟，禮畢，伯主先歸，禮也。齊桓以秋至卞，公以九月歸，其至自會而非自齊可知已。傳謂以會致爲諱，非也。

宋公、曹伯、衛人、邾人伐齊 十有八年

宋合三國伐齊，以納昭公爲名，蓋欲藉此以圖伯也。納不以正，徒見其背德伐喪而已，故不書納而書伐。宋、曹稱爵，衛、邾稱人，與隱公四年翬帥師會伐鄭書法同。

宋公、曹人、邾人盟于曹南 十有九年

宋稱爵，予宋伯也，猶齊桓北杏之會也。宋襄非能伯，而以伯自居，故如其意而予之，愧之

也，亦勉之也。

公會陳人、蔡人、楚人、鄭人盟于齊 十有九年

左氏：「陳穆公請修好于諸侯，以無忘齊桓之德。冬，盟于齊，修桓公之好也。」按：齊之盟，楚志也。楚欲參與會盟，又不欲居求會之名，故使陳人假不忘桓德之説而會諸侯于齊。陳、蔡、鄭，楚黨也，公亦矢心附楚也。卓氏曰：「先陳，主是盟也。鄭後楚，何也？鄭爲楚私，不可不後楚也。陳、蔡故從楚者也，先陳、蔡，爲正其體也。鄭新服楚者也，後鄭，正其罪也。」此論最精。四國稱人，貶也，貶四國即所以貶公也。

狄侵衛 二十有一年

十八年邢、狄伐衛，救齊也；明年衛人伐邢，二十年齊、狄盟邢，爲邢謀衛難；至是狄人又爲邢侵衛。春秋皆無譏焉。然文定以稱人爲進之，則不然。救齊侵衛則書狄，伐衛盟邢則書人，獨舉稱狄，與齊、邢並稱則曰人。但取文順，無他取義也。

宋人、齊人、楚人盟于鹿上 二十有一年

宋人執滕子、伐曹伯，力求主盟，而諸侯不服。鹿上之盟，求諸侯于楚也，欲伯可得乎？

秋，宋公、楚子、陳侯、蔡侯、鄭伯、許男、曹伯會于盂。執宋公，以伐宋 二十有一年

盂之會，宋、楚争伯。執宋公者楚也，分過于諸侯者，同惡也。

楚人使宜申來獻捷。十有二月癸丑，公會諸侯，盟于薄。釋宋公 二十有一年

胡氏于宜申獻捷曰：「不言宋捷，諱内也。爲魯計者，拒其使而不受可也，請于天王而討之可也。」薄之盟，不稱楚子，亦曰：「諱内也。魯不能伸大義，抑强暴，使宋公之釋出自天王，而顧刑牲歃盟，求楚子以釋之也。」夫以楚人之横恣狠惡，獻捷以脇魯，使魯拒而不受，得毋爲宋襄之續乎？雖欲請救于天王，可得乎？宋公之執，自夏徂冬，其望釋也如解倒懸，若必使釋之權出之天子與諸侯，非諸侯之請天子之命，聲詞討罪，以臨于楚，楚人雖欲釋宋公而不許，所以屈楚人者則得矣。其如宋公之羈囚，何所惡乎？楚者凌虐諸侯，恣所欲爲，謂執之由我，釋之由我也。然執而釋之，不猶愈于不釋乎？無王命而釋，不猶愈于無王命而執乎？律載盜賊自服于主人而歸，其所掠則赦之，未聞不出于有司之追勒而罪自服之盜賊也。且會盂而執宋公，既分過于諸

侯，薄之盟，謂魯與諸侯會而釋宋，不亦可乎？當日晉、齊諸大國坐視宋公之屈辱而莫之救，公獨不畏强楚而勤勤懇懇，曲爲之謀，意良厚矣。而傳者乃以歃盟要約爲魯罪，不已甚乎？即會而請釋，亦非有賄賂卑屈不可以對人者，何諱之有乎？獻捷不言宋，不待言也。執之、釋之不言楚子，不以執與釋之權予楚。是則春秋書法也。

宋公、衛侯、許男、滕子伐鄭 二十有二年

鄭與衛争滑，至遣三大夫帥師入其國，横暴極矣。自知不爲諸侯所容，乃服于楚。宋以其服楚而會三國伐之，此所以開楚釁而有泓之敗也。然因其服楚而伐，師則有名矣，故各國稱爵以予之。

宋公及楚人戰于泓，宋師敗績 二十有二年

宋襄與楚成争伯，宋弱而楚强，識者早知襄之必敗矣。盂之會，子魚曰：「禍其在此乎？君欲已甚，其何以堪之？」盟于薄而釋宋公，則曰：「禍猶未也，未足以懲君。」四國伐鄭，又曰：「所謂禍在此矣。」楚救鄭，宋公及楚人戰于泓，大司馬固諫曰：「天之棄商久矣！君將興之，弗可赦也已。」宋公俱不聽。是楚人之虐宋，皆宋公貪戾好勝，不自度德量力之所致也。以楚師之

强，合鄭人以敵宋，如摧枯拉朽耳，宋人欲免于敗，可得乎？宋方積怨，深怒于楚，苟有可乘之釁，雖盡殲楚師而不惜。君即高談仁義，其將禆士卒必不受命。況貪躁如宋襄，不可進而進，則有之矣，何有于人之未濟、未陳而不進乎？滕子可執，鄫子可用，何有于敵人之重傷、二毛乎？是必既敗之後，宋人有爲此説，以自掩其恥辱者。左氏因甚其詞，以極狀宋襄之愚焉耳。

齊侯伐宋，圍緡 二十有三年

齊侯伐宋，討其不與齊之盟也。乘人之敗而伐而圍，不義也。

天王出居于鄭 二十有四年

王何以出？狄攻之。狄何以攻王？上書狄伐鄭矣，王使之也。狄固貪惏，王又啟之，富辰早見及此矣。在家曰居，離家曰出。王者天下爲家，無非家即無非居也。既稱居、入，言出者不自保其居也，未雨綢繆之計疏矣。

衛侯燬滅邢 二十有五年

朱子曰：「衛侯稱名者，因下文而誤也。至滅同姓之罪，不待貶絶而自見矣。」

楚人圍陳，納頓子于頓 二十有五年

陳逐頓子，聲其罪而討之，詎敢不服？烏用圍陳乎？圍陳而納頓子，無非張大其事，博恤小之名，以圖伯諸侯耳。

公會莒子、衛甯速，盟于向 二十有六年

左氏：「盟于洮，修衛文公之好，且及莒平也。盟于向，尋洮之盟也。」按：修好，公志也；平莒，衛志也。衛欲平莒于魯，莒子恐魯不肯平，而使大夫聽命。故洮之會平未成，明年復盟于向。

齊人侵我西鄙，公追齊師，至酅，弗及 二十有六年

此無名之師，故書侵，左氏謂「討是二盟」，非也。魯與莒、衛盟，于齊人何與乎？前書人，貶也，後書師，質言之也。胡傳謂：「書人，見其弱以誘魯；書師，見其伏衆以邀魯。」此尤穿鑿之甚也。曰「至酅，弗及」，譏深入也。弗及云者，言追至齊地，弗及而後已。弗，猶不也。胡傳以弗爲遷詞，謂欲追而不敢及，非也。趙匡謂寇至不知，追而弗及，譏無警備，亦非也。

公以楚師伐齊，取穀 二十有六年

齊仇衛，惡魯之與盟也，而頻興伐魯之師，不義甚矣。是以衛伐齊，魯又乞師于楚，伐而取其邑，孽由自作。在齊人固不足惜，然魯假楚力以勝齊，怨益深而楚禍亦兆于是矣。

楚人、陳侯、蔡侯、鄭伯、許男圍宋。十有二月甲戌，公會諸侯盟于宋 二十有七年

楚稱人，貶也。從楚之諸侯，何以不貶？曰：北杏之會，齊稱爵，諸侯稱人，予齊伯也。此諸侯稱爵，楚稱人，不予楚伯也。公不救宋，逮宋與楚盟而後往會，無異陳、鄭之從楚圍宋也。據事直書，公之罪自著矣。

晉侯、齊師、宋師、秦師及楚人戰于城濮，楚師敗績 二十有八年

晉文之圖伯也，如善奕者，通盤打算，著著争勝，于彼于此，或後或先，具有深謀祕計，非敵人所得而窺，孔子所謂「譎而不正」者也。是故侵曹、伐衛，非修怨也。當時北方諸侯如陳、蔡、鄭、許，服楚久矣，楚又新得曹而婚于衛，魯雖畏晉而實德楚。所與楚爲難者，獨宋耳。楚方合諸侯而圍之，宋亡無日矣。救宋伐楚，取威定伯，其在斯乎？而晉文以楚師方鋭，則未易與争，如其畏怯而退，則吾無以示威。於是伐衛以致楚師之救，楚救衛而宋圍解，晉復不與戰而避而

入曹。此時楚師之疲而怠可知矣，乃執曹伯畀宋人以怒之，使逞其强弩之末以當吾蓄鋭之衆，一戰而舉可必也。得臣淺人，果墮晋侯術中矣。城濮一戰，諸侯皆背楚而歸晋，晋文之功巨矣哉！惜乎逞詐力而背仁義，道不足尚也。使當楚師圍宋之日，請命于王，帥諸侯之衆次于宋之境上，以王命聲楚之罪，而責其師之無名，楚即不服，亦必釋宋而去。然後合列國諸侯而盟之，同心以尊王室，協力而拒荆蠻，申齊桓之五禁，張天子之九伐，有不服者以王命討之，一匡之功駕齊桓而上之矣。奈何晋君臣之智識不及此也。春秋于晋文之服楚，一則曰晋侯，再則曰晋侯，喜之至也。而城濮之戰，則以晋主兵，凡以嘉其績而誅其意焉耳。晋稱爵，猶齊桓北杏之會也。自齊桓薨而楚鋒益熾，人思伯主而不可得，故諸侯不書人而書師。

晋人執衛侯，歸之于京師　二十有八年

出奔被執不名，罪晋侯也。至復歸，則直正衛侯之罪矣。曹襄被執而復，猶乎衛衎也。宋執滕子嬰齊，稱名，失地故也。胡傳謂曹使侯獳貨筮史以賂獲免，比于失地之君，此迂闊無當之論也。

諸侯遂圍許 二十有八年

天王再勞諸侯，而許不朝，許誠有罪矣。使晉帥諸侯朝京師，請于王而伐之，許安得不服？乃還蹕之後，汲汲有事于許，一若不容姑待者。書曰「遂圍許」，責晉侯也，諸侯亦與有罪焉。晉與諸侯不朝于京師，而重責許之不朝于王，是所以五十步笑百步也。故雖合十一國之力，經年閱歲，不能服一蕞爾之許，而鄭人又貳矣。明年復盟于翟泉以謀鄭，而鄭亦不服，晉文之伯業於是漸衰矣。

會王人、晉人、宋人、齊人、陳人、蔡人、秦人盟于翟泉 二十有九年

踐土之盟，晉文始伯也。城濮勝楚，遂率諸侯盟于踐土，將以入朝，尊王室也，厥功巨矣。王來下勞，因率諸侯朝于王，所不書王來下勞者，不必書也，以朝于王所見之也。或曰：王出居鄭，盟而納之，非也。果以納王盟，聖人豈不書而予之？温之會，申前盟且謀伐許也。天王之狩，傳謂晉侯實請之。夫晉侯請王出狩，必非顯然致詞，何由而知非王之自來乎？晉侯一年之内兩會諸侯，前此既降尊而下勞矣，至是不可以已乎？可已不已，以是謂晉侯請王可也，王之頻頻下勞，畏晉非德晉也。王狩而諸侯朝，宜也。還蹕之後，何以不率諸侯入覲乎？下書執衛侯歸于京師，又曰遂圍許，明乎王來狩而諸侯不往覲也，晉侯之咎也。至翟泉之盟，逼近王都，又

不入朝，伯主之罪亦又甚焉。程子謂諸侯稱人，貶之也，較三傳爲勝。會不言公，文脱也。踐土之盟，衛稱子，杜氏曰：「叔武攝位受盟，非王命所加。從未成君之禮，故稱子，而序鄭伯之下。」

衛殺其大夫元咺及公子瑕。衛侯鄭歸于衛 三十年

稱國以殺者，罪累上也。曷爲罪累上？殺元咺而及公子瑕也。左傳：「衛侯使賂周歂、冶厪，曰：『苟能納我，使爾爲卿。』」夫衛侯之釋而歸，王命也，而慮衛人之不納者，疑公子瑕之據國拒己也。是衛侯之所欲殺者，公子瑕也。或謂瑕之見殺，由于咺不知；咺之見殺，實由瑕。曰及公子瑕者，謂殺咺而後可及瑕也。以殺瑕之故，先殺咺，是咺之殺不以其罪也，此所以稱國以殺而不去其官。不然，大惡如元咺，所謂亂臣賊子，人人得而誅之者也。衛侯復國，明正其罪而殺之，固善，即使人預殺以防患，亦未爲非也。若季氏本所云待之以不死，則大謬也。惡如元咺而不誅，是無政刑矣，尚可以爲國乎？前歸稱復者，出以奔也。此不言復，訟而歸也。

晉人、秦人圍鄭 三十年

晉之伐鄭，以不與翟泉之盟，疑其貳于楚也。家則堂曰：「去年會温朝王，今一不與盟，即加之兵，春秋是以貶秦伯。苟知義之不可，則當相率俱去，不當私及鄭盟，故俱貶而人之。」按：

晉以鄭貳于楚而會秦師圍之，誠非寬容保恤之道。然使鄭人徵辭服罪，兩國之師自退。乃用燭之武詭謀退秦敵晉，致使晉、秦構怨，侵伐不已，是則鄭之罪也。

介人侵蕭 三十年

介人伐蕭，恃有魯也，嘗一年兩朝于魯矣。

天王使宰周公來聘。公子遂如京師，遂如晉 三十年

三公下聘諸侯，王失道也。公不朝周，而遣大夫拜聘，亢也，況以二事往乎？書曰「遂如晉」，遂云者，迫欲往也。一若不如晉而如周，晉將以是責我也，是等聘晉于朝周也，是夷周于諸侯也。明年春，復遣遂如晉，拜分曹田也。鄭氏玉曰：「遂如晉，拜分田之賜而不請命于王，正封疆之復，是止知有伯，不知有王，此所以于濟田書取也。」

晉侯重耳卒 三十有二年

五伯，齊桓、晉文爲盛，而桓優于文。桓寬大，文狹隘；桓優容，文褊急；桓坦易，文煩苛；桓謙遜，文倨傲。李氏廉曰：「桓公會則不邇三川，盟則不加王人。文公會畿内，亢矣；盟子

虎，悖矣。桓公寧不得鄭，不納子華，懼獎臣抑君不可爲訓；文公爲元咺執君，三綱五常於是廢矣。此二伯之優劣，不待智者而知也。」然桓卒未葬而宋、衛加兵，楚人假修好之説參與會盟，微晉文奮起，伯統將在楚矣。晉襄初立，秦之窺鄭，齊之聘魯，皆有志乎争伯也。而襄公卒能繼其先烈，數傳猶主夏盟，其故何歟？論者謂桓公專任管仲，仲死而齊無正人，豎貂、易牙之徒進矣。文公選賢用能，遺之子孫，利及數世，國家治亂關乎用人之得失，信乎！雖然，猶有説焉。從來小人之進多因内嬖，而婦寺之禍由於怠荒。易曰：「其亡其亡，繫于苞桑。」未有溺情縱欲而不底於敗亡者也。桓公自葵丘而後，志意滿足，遂以聲色自娱，傳稱公多内寵，如夫人者六人，既卒而五公子争立，豎貂、易牙因内寵爲亂。既立公子無虧，旋復殺之，齊國幾亡。宋納孝公，桓公、管仲之所屬也，然立不以正，又不能自强，蕭牆之患未有已時。自治不暇，而能治諸侯乎？晉文出亡在外者十九年，楚子所謂備嘗艱難險阻，而民之情僞無不熟識者也。返國之初，慈惠恭儉，與民休息，義以安居，信以宣用，禮以生共，四載于兹，而後用之以伐衛、侵曹，一戰勝楚而伯業以成。自是會諸侯、尊王室，至再至三，安内攘外，討貳招攜，五年之間，伯者之事無不畢舉，經營之勞瘁可想見矣。内而宫闈整肅，文姜有懷安之戒，季隗凜貞一之操，杜祁賢而能讓，嬪御宦寺未有以嬖倖聞者。蓋文公之閑家有素矣。卒之日，臣民哀慕，宫府肅然，以此施之後人，詩所謂「君子有穀貽孫子」者是也。自襄迄平，伯統不絶，豈偶然哉！蓋齊桓事事優於晉文，而始終不耽乎逸樂，則文優於桓。以事功言，文譎而桓正；以家法言，文正而桓亂矣。此貽謀之臧否所由分也。獨惜管子天下才，非狐、趙輩所能及，然三歸、反坫，恣意宴遊，身之不正，如正君何！此大臣所以重德器而才猷爲次也。

晉人及姜戎敗秦于殽 三十有三年

殽之役，秦、晉交譏而責晉尤甚。先軫之説曰：「秦不哀吾喪而伐吾同姓，不可縱也。」獨不思父骨未寒，而墨衰即戎，已不自哀其喪，而責人不哀吾喪乎？前此嘗結秦圍鄭矣。向非燭之武退秦師，鄭之亡久矣。已則不恤同姓，而責人伐吾同姓乎？胡傳較諸説差勝。然據事直書，而兩國之罪自見，不關乎書人書號也。

春秋鈔卷之五

文公

衛人伐晉 元年

晉伐衛，書曰「晉侯伐衛」；衛報伐，則書「衛人伐晉」。先儒謂晉侯討叛，能修伯業，春秋嘉之。非也。不以信義服人，而興兵構怨，伐人國而取其邑，尚可爲伯主乎？衛人不知自反而報伐，其罪更有甚焉。以晉較衛，所謂彼善於此者也。晉稱爵，甚衛人之罪也。

晉侯及秦師戰于彭衙，秦師敗績 二年

程子曰：「越國襲人，秦罪也；忘親背惠，晉惡也。秦經人之國以襲人，雖忿，無以爲詞矣，故其來不稱伐晉。不諭秦而與戰，故書晉及。忿以取敗，故書敗績。」按：彭衙之戰，二國交譏，然以晉主是戰，則責晉尤重。蓋以常情而論，秦人爲報怨而興師，晉即謝過請平，未爲辱也。至胡傳諭以辭命猶不免，則告之天王、方伯。論雖正，而近迂。

作僖公主 二年

喪禮：「虞作桑主，練作栗主。」僖公之薨，至是一十有五月矣。作主本無難事，何至遲緩若此？以是爲公之怠而不敬，不足信也。高氏閌曰：「周人卒哭而祔。僖公薨十有五月而方作主，猶未祔廟也。猶未祔廟者，欲躋之故也。」家氏則堂曰：「逆祀有萌，議論未定，緩於作主，以是故也。」二説得之。至諸侯祀四親，禮也。若兄終弟及，各爲一世，是桓、莊、閔、僖爲四親，而惠、隱皆祧矣。此三傳祖閔之説，不足取也。

及晉處父盟 二年

不地，於晉也。於晉而晉侯不出，辱公也，故諱不書公。處父名而不氏，貶也。貶處父者，貶晉侯也。大夫貶則稱人，此何以不人？人者，泛詞也，安知其非晉侯也？魯喪未除，而晉以不朝來討，拒之以禮，晉當廢然自返。冒喪而往，自取辱也。適晉不書，返國不致，聖人之意微矣。三年公及晉侯盟，晉志也，悔辱公也。

公孫敖會宋公、陳侯、鄭伯、晉士縠盟于垂隴 二年

垂隴之會，士縠主盟，謀討衛也，此大夫盟諸侯之始也。公孫敖之與會，以公未至也，猶

可言也。前此敖會晉侯于戚，非會也。晉侯疆戚，而魯使大夫趨事，公在衰服之中，不能親往也。

自十有二月不雨，至于秋七月 二年

人雖至愚，未有旱不望雨，既雨而不喜者，況國君乎？胡氏云云，已甚之詞也。春秋水旱必書，凡以重民事而昭時政之得失，别無褒貶之義。僖二年書「十有一月不雨」，三年書「正月不雨」，不言十二月雨、二月雨者可知也，故文從省。此書「自十有二月不雨，至于七月」，見不雨之時久也；不言七月雨者，亦省文也。僖三年四月不雨，後書六月雨，不言至于六月者，只隔一月，旱未久也。

八月丁卯，大事于大廟，躋僖公 二年

公羊：「大事者何？大祫也。大祫者，合祭也。其合祭奈何？毁廟之主，陳于太祖，未毁廟之主皆升，合食于太祖，五年而再殷祭。躋者何？升也。何言乎升僖公？譏。何譏？逆祀也。」按：四時之祭，各祭于其廟。有時合食于太祖，謂之時祫，或烝或嘗，無定期。若大祫，則親廟及祧主俱陳于太祖之廟，太祖西向，群主昭南向、穆北向，是謂殷祭。殷者，盛也。所謂五年再

殷者，三年一祫，五年再祫也。若禘祭始祖所自出，而以始祖配之，群廟不與焉。五年之禘，與三年五年之祫，不通計數。祫之年，不必不禘也。又按王制：天子祫禘，祫嘗，祫烝，謂春礿。外餘祭俱可祫，非必三祭皆祫也。左傳：「僖公九年夏，天子有事于文、武，使宰孔賜齊侯胙。」其爲夏禘特祭明矣。或疑犆祭各廟不勝勞擾，不知祫祭儀文較犆爲繁。且古者輒日而祭，九廟不必同日，即同日，亦非一人親祭各廟也。

公子遂如齊納幣 二年

喪三年不爲禮，納幣即是忘親，何待誅其志乎！

春王正月，叔孫得臣會晉人、宋人、陳人、衛人、鄭人伐沈，沈潰 三年

沈，汝南小國，不與中國會盟，近楚而服於楚，其分也。且形勢微弱，非若江、黄、舒、英之爲荆楚指臂也。既無可伐之罪，又無不容不伐之勢，晉人摟五國以伐之，是無名之師也。伐而潰，柔愞不能自立也。楚人聞伐而不救，棄之不足惜也。商臣，弑父大逆，伯主不興問罪之師，而加兵於微弱無罪之沈。畏强凌弱，尚可謂之伯主乎？故稱人以示貶。

晉陽處父帥師伐楚以救江 三年

商臣弑父，覆載不容，使晉人倡義興師，聲罪致討，昭王法，正人紀，召陵、城濮不足比烈矣。書曰「晉陽處父帥師伐楚」，壯哉此舉！聞者莫不額首稱快焉。然而晉人之名是師者，則渺乎其小也。問：何以？曰：救江也。救江非不善，較之討賊孰輕孰重，不待智者而後知也。左傳：「晉以江故，告于周王叔桓公，晉陽處父伐楚。」經不書王叔桓公者，爲天王諱也。吴幼清、汪德輔俱云不能救江而託名伐楚，故特起伐以救之文以罪之。夫圍江者楚，救江不伐楚，而誰伐乎？況江遠而楚近，安能越楚而伐圍江之師乎？胡傳以不合諸侯爲晉罪，然傳稱門于方城，遇息公子朱而還。子朱帥師伐江，既釋江而歸矣，是救江而江已救也。區區救江，烏用合諸侯爲？

逆婦姜于齊 四年

穀梁云：「其曰婦姜，爲其禮成乎齊也。其逆者誰也？親逆而稱婦，或者公與？何其速婦之也？曰：公也。其不言公何也？非成禮于齊也。曰婦，有姑之詞也。其不言氏何也？貶之也。何爲貶之也？夫人與有貶也。」按：婦人未嫁稱女，今已成禮于齊，是婦也，而非女矣。不言公逆者，成禮于齊而稱婦，其爲公自逆不待言矣。稱婦而不稱夫人者，不成其夫人之禮也。

入國不至，非不至也。鄭忽昏于陳，陳鍼子送女曰「先配而後祖」，是不爲夫婦。今逆婦而成禮于齊，是先配也；歸而告廟，後祖也，至猶不至也。不書氏，并責夫人也。文公忽視伉儷，苟簡率略，夫人依違從事而不自謹，是以交譏也。劉原父曰：「禮之於人大矣，是存則存，是亡則亡。文公之不能保其後嗣者，由無以刑其妻也。夫人之不安其位者，由無以謹於禮也。此正始之道也。」胡傳謂禫制未終，思念娶事，故原其意而誅之。程子亦有此論。然二年納幣，已書而譏之矣，至是逆婦，果合於禮，又何用追而貶之乎？且喪中納幣，於夫人無與也，何至并夫人而貶之乎？春秋志文公逆婦最略，九年出姜歸寧，書如、書至，則又甚詳。其略也，明公之不自重其伉儷也；其詳也，明小君之重也。時姜氏不安於魯，是以明其重也。

晉侯伐秦 四年

秦伐晉稱人，晉伐秦稱爵，先儒之論不一，俱未有以見其確然也，豈文有誤耶？姑缺之。

公孫敖如晉 五年

書如晉於召伯會葬之下，魯人之罪不待貶而著矣。

秦人入鄀 五年

左氏：「初，鄀叛楚即秦，又貳于楚。夏，秦人入鄀。」

季孫行父如晉 六年

行父夏如陳，秋如晉，假聘問之名以結私交也。

晉殺其大夫陽處父 六年

稱國以殺者，罪累上也。公、穀俱云：「君漏言也。」公羊子曰：「君將使射姑將，陽處父諫曰：『射姑，民衆不説，不可使將。』于是廢將。陽處父出，射姑入，君謂射姑曰：『陽處父言曰：射姑氏，民衆不説，不可使將。』射姑怒，出刺陽處父于朝而走。」吾謂晉侯之殺陽子，非徒漏言也。使處父之言非，則不當聽，既從之矣，是以所言爲是也，進射姑而訓之可也，乃處父方出，輒以所言告射姑，是欲射姑怨處父而德己也。處父孤立特起，朝無黨援。左右近侍之毁謗於君前者不少矣，晉侯雖素重處父，而不能無惑於毁謗之口，故曰：晉侯之殺陽子，非徒漏言也。左傳謂：「賈季使續鞫居殺處父，書曰『晉殺其大夫』，侵官也。」侵官之説，不可爲訓，文定辨之詳矣。

閏月，不告月，猶朝于廟 六年

論語言告朔，此言告月者，意文有誤。文公以閏非常月，故不告朔。然月朔朝廟爲告朔也，既不告朔矣，而猶朝廟。「猶」字之義，諸傳以爲可已之詞，胡傳以爲幸其不已之詞。以爲可已者，謂告朔可已，烏用朝廟？何不并此而已之？以爲幸其不已者，謂猶知朝廟之不可已，將來尋求禮意，復行告朔之禮，未可知也。諸傳之説即子貢去餼羊之意，胡傳即夫子愛禮之意也。

取須句 七年

僖公取須句而復其君，尋爲邾人所滅。文公伐邾而取之，爲僖公母家報復也。時風氏後裔無可復者，適邾子之子叛邾來奔，遂以守須句爲大夫。蓋須句地近於邾，恐邾人復争，故以邾之叛子爲大夫，使扼據巖邑以抗其君父，而我弗預焉。此必仲遂之謀也。助臣子而逆君父，爲逋逃主，罪可勝言乎！

宋人殺其大夫 七年

凡殺大夫，稱國者，君與大臣殺之也，無論殺之當否，但加之罪而殺之，未有不書所殺之名者也；稱人者，臣民殺之，不由君命也。如其有罪而殺之，是公憤也，亦未有不書名者也。殺大夫不名者，國亂無政，上非理而濫刑，下逞凶而妄殺。既無爰書，又無討辭，而所殺之人亦無關於重輕。經之取義，繫乎官，不係乎人也。

晉人及秦人戰于令狐，晉先蔑奔秦 七年

秦人以師納公子雍，晉不謝秦而與之戰，晉之罪也，故書晉及秦稱人。先蔑書奔，納不以正也。

公會諸侯、晉大夫盟于扈 七年

左氏：「齊侯、宋公、衛侯、陳侯、鄭伯、許男、曹伯、晉趙盾盟于扈，晉侯立故也。公後至，故不書所會。」按：趙盾以幼君新立，恐諸侯之貳也，故爲此盟。然盾專擅廢置，既不謝過於秦，而稱兵構怨，又欲以威制諸侯，强之使盟，諸侯雖面從，早懷貳志矣。林氏曰：「不叙諸侯，散詞也，晉於是始失伯也。諸侯既不叙，故大夫亦不名，至經明言公會諸侯，而左氏以爲後至。」胡氏主左傳，謂聖人爲公隱，而以不叙諸侯著其義，以罪公之不自强於政治。夫不叙諸侯，何以見公之後至？公之怠於政事，亦於此會無涉。凡如此類，以經正傳可也。

公孫敖如莒涖盟 七年

高氏曰：「莒爲徐所伐，故來求援，而請修洮之盟。敖娶于莒，故許其盟而請往。涖，之也。」

公子遂會晉趙盾，盟于衡雍 八年

翟泉之盟，列國大夫盟王臣也。垂隴之盟，伯國大夫盟諸侯也。至衡雍，則大夫自相盟，而兩國諸侯無與焉。此仲遂、趙盾所由肆行弑逆，而三家六卿之禍亦於是乎胚胎也。至盟之故，左氏以爲報扈之盟。然二奸朋比，事多詭祕，其爲公爲私不可得而考矣。

宋人殺其大夫司馬。宋司城來奔 八年

司馬也，而人得而殺之；司城也，而棄官來奔。國亂至此，尚可以爲國耶？不責二卿，故不書名。

春，毛伯來求金 九年

喪雖逾年而未葬，故不書王命。公羊謂三年諒闇不稱王，胡傳謂不欲冢宰託王命以號令天下，皆非也。

晉人殺其大夫士縠及箕鄭父 九年

左傳：「夷之蒐，晉侯將登箕鄭父、先都，而使士縠、梁益耳將中軍。先克曰：『狐、趙之勳不可廢也。』從之。故箕鄭父、先都、士縠作亂。」明年遂殺先克。胡傳謂使獄有所歸，此三人者猶可末減。夫三人實殺先克，斯獄也，舍三人復何歸乎？殺人者死，況殺上卿乎？何末減之有！先都等之殺先克，猶賈季之殺陽處父也。使賈季得正其罪，則無先都之亂矣。若此三人者復逃國典，其流害可勝言乎？然則經何以書晉人殺而不去其官？曰：非晉侯命也，當國之大臣殺之也。夫無王命而專殺且不可，況大夫擅殺大夫耶？箕鄭父曰「及」者，先克之殺，先都、士縠主之，鄭父其黨也。

楚人伐鄭。公子遂會晉人、宋人、衛人、許人救鄭 九年

書救而稱人，罪救之緩也。胡傳謂晉主夏盟，不在諸侯，以啟戎心，故書人以罪盾。夫以楚之陵暴，雖齊桓、晉文之强，不過暫時屈服耳。盾即志在諸侯，能使不生戎心耶？以此罪盾，亦太刻矣。

秦人來歸僖公、成風之襚 九年

以衣贈死者曰襚，襚所以殮也，既殮則不襚矣。雜記：諸侯相襚，「委衣於殯東。襚者將

命」。夫曰殯東，明乎既殮而殯時也。蓋道遠來襚，不及二殮也。鄭注謂春秋有既葬而含賵襚，無譏焉，誤矣。僖公之薨九年，成風之薨六年矣，歸襚何爲乎？秦人欲結好於魯，何物不可以將情？而假凶事以相問遺，當亦魯人之所不樂聞矣。竊意亂世崇信鬼神，必有如後世寒食、中元焚衣贈鬼之陋俗，而美其名曰襚。魯之躋僖公也，曰：「吾見新鬼大，故鬼小。」秦窺魯人之虚誣尚鬼，故以事鬼之儀爲邦交之享，因其自誣而誣之也。且僖公之躋，成風之祔，當時人心未盡服，而魯君臣亦必有歉然不自安者。秦人之致詞必曰先君僖公及君母夫人，祀典攸隆，禮儀允洽，聊供不腆之襚用，佐如在之孝思云耳。以此結好於魯，魯人之感有甚於百朋之錫矣。舊史據事直書，聖人因之以爲崇信鬼神者戒，曰僖公、成風兼襚也。序先僖公，母從子也。

夏，秦伐晉 十年

秦人納不以正，晉實請之，秦之罪即晉之罪也。晉不謝過，而敗之于殽，秦怨晉而報伐，固非釋忿息争之道，然晉之罪實浮於秦。舍晉而重責秦，非平允之論也。胡傳拘泥稱國爲戎狄之詞，而曲爲之説，未足爲信。

楚殺其大夫宜申 十年

宜申不討賊而臣賊，北面十年而謀殺之，不謂之弑逆，可乎？使宜申當商臣弑君之時，能倡大義，率楚國之衆討商臣而正其罪，誰得而殺宜申者？即使不勝而受戮，等死耳，不愈於蒙惡名而死耶？然則稱國以殺，而不去其官，何也？吴氏曰：「聖人不以其當受，今將之誅，而以國殺大夫爲文，其意深矣。」

及蘇子盟于女栗 十年

曰及者，諱王臣之來盟也。不言公及者，不與諸侯盟王臣也。

狄侵宋。楚子、蔡侯次于厥貉 十年

次于厥貉，伐宋也。不言者，蒙上狄侵宋也。伐宋，何以次？聞宋有狄難，欲坐收漁人之利也。

公子遂如宋 十有一年

左氏：「襄仲聘于宋，且言司城蕩意諸而復之，因賀楚師之不害也。」

冬十月甲午，叔孫得臣敗狄于鹹 十有一年

閔、僖之間，狄入衛，桓公城楚丘而不討狄罪，嗣是侵陵大國，絶無忌憚。僖三十二年，晉敗之于箕，尚未足以逞。左氏：宋武公之世，敗狄于長丘，皇父之二子死焉。齊襄二年，鄋瞞伐齊，王子成父獲其弟榮如。事不見經，大抵兩軍俱傷，未有勝負也。鹹之役，獲其渠魁，而我軍無損，自是狄人畏懼，不敢窺伺齊、魯諸大國。惟十三年，乘虚一掠衛境而已。此舉大有造於諸邦，而出自孱懦之魯，尤爲可嘉，故不書狄伐，不書帥師，直曰「叔孫得臣敗狄于鹹」，蓋重録叔孫之功也。

郕伯來奔 十有二年

郕伯國亂而來奔，不書名者，葉夢得謂「國未有君」，引衛侯奔楚爲証。庶幾近之，傳文未足信也。

鄭伯會公于棐 十有三年

曰會公于沓，會公于棐，衛、鄭要公會也，欲介魯以通晉也。新城同盟，公之力與？

公孫敖卒于齊 十有四年

敖之惡，書卒、書歸，譏失刑也。

宋司馬華孫來盟 十有五年

左氏曰：「華耦來盟，書曰宋司馬華孫，貴之也。」杜氏曰：「華孫奉使鄰國，能臨事制宜，至魯而後定盟，故不稱使。」孔氏穎達曰：「成三年，晉侯使荀庚來聘，衛侯使孫良夫來聘。彼先以君命來行聘禮，既而别與之盟，故書聘，又書盟。此雖使來聘，不令結盟，故書盟，而不稱使。僖四年，楚屈完來盟于師，即其比也。」按：來盟不書使，其義有二：如屈完之使師，其君必命之曰：「相度機宜，可盟則盟，苟利社稷，惟爾圖之。」不然，以楚之强而屈服於齊，此何事也，而屈完敢專之乎？若華孫之來，君使聘耳，不令盟也。華孫專擅結盟，穀梁以爲無君，是也。其時宋昭不道，公子鮑厚施于國，襄夫人謀亂于内，賢臣如子哀潔身去矣。華孫知國將亂，故結盟以自託於魯，爲身家私計，豈有憂國奉公之心乎？觀其辭宴也，曰：「君之先臣督得罪于宋殤公，名在諸侯之策，臣承其祀，其敢辱君？請承命于亞旅。」夫欲輸情以固結於鄰國，至揚其先人之惡，苟有人心，決不出此。以此推之，其以君之隱惡、國之陰事輸於魯者，不知何如矣。異日甸帥弒君，司城意諸死之，華耦爲司馬，坐視國難而莫之恤，文公卒奪其官以予蕩氏，耦之負國負君可知矣。先儒乃以來盟爲善，比之屈完、高子，豈不謬哉！然則何以稱司馬華孫？曰：司馬，主兵之官也，不稱名而稱孫，明其爲華督之孫，司馬其世官也。夫柄兵專政，世及子孫，雖以酬庸旌伐，猶爲非宜，而況弒君漏死之逆賊乎？聖人於華耦來盟，書官、書華孫，垂戒之意深矣。讀經至此，未嘗不痛恨當日諸侯之受賂縱賊也。

諸侯盟于扈 十有五年

左氏：「晉侯、宋公、衛侯、蔡侯、陳侯、鄭伯、許男、曹伯盟于扈，尋新城之盟，且謀伐齊也。齊人賂晉侯，故不克而還，於是有齊難，是以公不會。」按：晉人受賂而諸侯皆退，晉主盟故也。夫亂臣賊子，人人得而誅之，使七國君臣有一執大義抗言於盟主者，晉人畏失諸侯，自不得不從所請。即使見利忘義，迷而不悟，以七國之衆討一弑君之賊，何患不勝？乃相率而退，曾無一仗義執言者，可知扈之盟，晉人志在求賂，七國勉從晉命，本無討賊定齊之意也。故聖人略而不叙，以示貶絶。至齊人侵魯，大寇臨境，文公豈能與會？胡氏以此爲魯罪，亦過刻矣。

齊侯侵我西鄙，遂伐曹，入其郛 十有五年

曰侵、曰伐、曰入，凡可以逞其兵力者，無不爲也。曰遂伐曹，遂者，爲所欲爲而莫之阻也。向令魯人選將興師，尾而追之，曹鬬於前，魯攻於後，一舉而大敗齊師，無難矣。而魯人不敢也，齊人亦逆知魯之不敢也。懦柔至此，尚可以爲國乎！而晉伯之衰，亦于是可知矣。

季孫行父會齊侯于陽穀，齊侯弗及盟 十有六年

左氏：「春王正月，及齊平。公有疾，使季文子會齊侯于陽穀。請盟，齊侯不肯，曰：『請俟君間。』」穀梁：「弗及者，内詞也，行父失命矣，齊得内詞也。」按及者，内及外也。魯與齊盟，則曰某及齊人盟，不盟，則曰某會齊人，不及盟。此不云行父不及盟而云齊侯不及盟者，著商人之横强，文公之懦弱也。先儒以此爲責行父之詞，謂其不善辭命，不足以折齊人也。兇惡如商人，詎可以理喻？屈己取辱，文子不爲也。

公子遂及齊侯盟于郪丘 十有六年

春，行父如晉，爲單伯、子叔姬故也。秋又如晉，爲齊人侵我也。齊人頻肆侵伐，行父、襄仲乞盟不可，乃納賂而盟于丘。魯君臣庸懦至此，商人知其無能爲也。明年又侵我西鄙，而脅公出盟，商人之惡不足誅矣。魯之不競如此，何以爲國乎！

楚人、秦人、巴人滅庸 十有六年

胡傳謂：「庸有取滅之道，故列書三國，而楚不稱師，滅楚之罪詞也。」竊意凡國之滅，未有不由自取者。夫人必自侮，而後人侮之。即麇濮、蠻庸之攻楚，獨非楚之自取乎？春秋存亡繼

絶，非如郭、梁之自亡，未有罪所滅之國，而寬滅滅國之罪者也。列書三國者，惡秦、巴之黨惡也。且秦、巴卑將，而與楚子一舉，而稱人，其重貶楚人可知矣。

晉人、衛人、陳人、鄭人伐宋 十有七年

傳謂：「伐宋而不討賊，故稱人以示貶。」然隱、桓之弑，諸侯無過而問焉者。今合四國之師，聲詞討罪，曰何故弑君，是亦春秋空谷足音也。聖人善善長、惡惡短若此者，其諸免於貶絶歟？稱人者，衆志也。討弑君之賊，人人所同欲也，然則伐罪而不討罪人，可乎？曰既云伐宋，是即討罪人之詞也。後書諸侯會于扈，略而不叙，謂徒有伐罪之名，而罪人卒未獲也，是則譏諸侯之失宋賊矣。

齊人弑其君商人 十有八年

歜、職弑君，而歸獄於國人，何也？胡文定以國人德商人之惠而成其弑，故以弑商人之罪歸之。夫單伯子、叔姬之執，歸之國人，國人無辭也。若夫商人之弑，則黨商人者不任咎矣。假而商人以弑君之罪被戮，則殺商人者，討弑君之賊也，非弑君也。既書曰弑，其君商人矣。則斷斯獄者，止治弑商人之罪，而商人弑君之罪置勿論矣，況黨商人者乎？以前之黨爲後之弑，聖人取

義，不如是之鑿也。蓋商人貪淫暴虐，國人不堪，於是悔前此之爲所愚，而人懷逆謀矣。傳稱歜、職謀弑君，内之竹中，歸舍爵而行。夫甲池之遊，從公者寧僅歜、職二人，二人安得弑君而匿之？又安能舍爵而行耶？其爲衆人謀弑，而使歜、職操刃明矣。國人之罪惡不待言，亦可見民情之不可終愚，而詐取術誘者之徒以自斃也已。

冬十月，子卒 十有八年

惠伯以死争，而不見於經。胡傳以爲死非君命，非也。公薨，仲遂欲立宣公，惠伯不可，乃立子赤，至是十閲月矣。敬嬴、宣公之謀，路人知之。既葬，而仲遂以奸謀請于齊，齊侯許之，亦人所共知也。惠伯不早發其奸，而因循容忍，以待其謀之成，仗節死義者顧如是乎？迨將弑而召惠伯，是其心猶畏惠伯而不敢輕發也。此時貪賂黨賊者，齊人耳，他國未之與也。出姜哭於市，市人皆哭，人情大可見矣。使惠伯能倡率國人以衛公宫而討逆，遂未必無濟。即不然，而於既弑之後，告之方伯，告之四鄰，痛哭請師討諸奸，而别置君，庶得復君父之仇，而伸大義於天下，春秋所重嘉也。萬一事不可爲，至於勢窮力竭，然後繼之以死，不猶愈於埋骨馬廄中乎？此魯史所以不書死事，而聖人因之也。

春秋鈔卷之六

宣公

遂以夫人婦姜至自齊 元年

宣公以正月即位，即以正月逆婦。斬焉衰絰之中，假婚娶以結好，祇圖固位，滅絶綱常人理而不顧，公與襄仲之惡不待言矣。然弒逆之禍，始於文公之嬖敬嬴，成於敬嬴之私襄仲。經於夫人之至，書曰「婦姜」，誅敬嬴也。在塗稱婦者，姑在而以婦之禮至也。夫人無姑，曷稱婦？婦夫人者敬嬴也，敬嬴謀殺二適，立孽子，逐女君，極惡大罪，具見一「婦」字中矣。夫人不氏，何也？服虔曰：「一禮不備，貞女不行，詩云：『雖速我訟，亦不女從。』宣公喪娶，夫人從，亦非禮，故不書氏，略賤之也。」

晉放其大夫胥甲父于衛 元年

放猶逐也，不言奔者，奔猶可以復，放則終身不復也。

齊人取濟西田 元年

十年書「齊人歸我濟西田」，此取田不言「我」者，諱賂也。取田，齊爲政；歸田，我爲政也。何言乎齊爲政？公之篡，齊主之，既篡而多方撫定之，竭公之力不足以報齊。區區濟田，樂得而予之而勿惜也。且齊人欲之，欲不予而不得也。何言乎我爲政？公之謙卑屈抑以事齊者至矣。齊人悅而歸我田，是我以謙卑屈抑取償於齊也。諸侯土田，授之天子，欲取則取，欲歸則歸，齊、魯之無王甚矣。

楚子、鄭人侵陳，遂侵宋 元年

林氏音注云：「侵蔡，遂伐楚，以見齊伯侵陳；遂侵宋，以見楚伯。」按楚莊之伯，成於辰陵之盟，始於「侵陳，遂侵宋」。晋立弑君之賊而楚討之，能禁楚之不伯乎？楚稱爵，鄭稱人，猶之齊桓北杏之會也。餘詳後。

晋趙盾帥師救陳 元年

此必晋師會衛侯、曹伯救陳，及會于棐林，楚、鄭之師已退，乃偕宋公、陳侯伐鄭。不言衛、曹帥師者，省文也。下書衛侯、曹伯會于棐林，其爲會師救陳可知矣。至傳稱救陳、宋，經不言宋者，宋不足救也。伐鄭列數諸侯，首宋次陳，又以明此師之實救二國，欲人求所以不書救宋之故也。上書「楚子、鄭人侵陳，遂侵宋」，非盡貶詞也。晉受宋賂，鄭伯惡而背之，以楚伐宋討罪之師也，侵陳則無名矣。書曰遂，曰侵，惜之也。若曰使兵不加陳，則是舉也可以免矣。救不言宋，亦即此意。蓋爲楚言，伐宋是也，侵陳則否。爲諸侯言，救陳善矣，救宋則非。宋人弑君，伯主不能討，受賂而立賊，綱常倫紀澌滅盡矣。是以冬會宋伐鄭，貶而書人，而大棘之戰以宋主之，聖人垂戒之意深哉。

晉人、宋人伐鄭 元年

前救陳伐鄭，故各國稱爵，此爲宋報伐，故貶而書人。晉受宋賂而不討賊，鄭伯背之，以楚伐宋，不失爲討罪之師，故聖人薄責之，背晉而重惡晉之黨宋也。

宋華元帥師及鄭公子歸生帥師戰于大棘，宋師敗績，獲宋華元 二年

鄭伐宋，而曰華元帥師。及，罪宋之不自及也。師敗將擄，甚言鄭人之惡、楚勢之張也。

夏，晉人、宋人、衛人、陳人侵鄭 二年

此報大棘之役也。楚鬬椒救鄭，次于鄭以待諸侯之師，趙盾乃引師而去。胡氏之論備矣。

宋師圍曹 三年

報武氏之伐也。武氏以曹師伐宋，其名爲討罪，宋何不自反乎？

平莒及郯 四年

公之平莒于郯，將以伐而取之也。平不得其平，逆知莒之不肯平也。不肯平而後伐之有辭，此魯君臣之奸謀。濟西賂齊，欲責償于莒也。

鄭公子歸生弑其君夷 四年

歸生之弑君，與趙盾等。或曰：晉靈公之於趙盾，積怒久矣，盾不弑公，公必戮盾。穿之操刃，窺盾之意而成之者也。若公子家非有危疑迫切，激而爲亂之情，徒以勢力不足以制奸，而懼而從之，謂之黨惡可耳，以爲戎首，不已甚乎？夫亂臣賊子别有肺腸，非盡畏死倖生，爲先發自全之計，况弑君何事？苟非同惡，詎敢以告？歸生身爲正卿，嘗將師伐宋，握鄭兵柄矣，而謂力不足以制奸，其誰欺乎？子公謀弑君，歸生不從，則反譖之，可知子公雖懷弑逆之心，非歸生不能濟其惡。弑靈公者，非歸生而何？晉史之斷趙盾也，曰「亡不出境，歸不討賊」。夫不討賊於已弑之後，與助賊於謀弑之日，惡孰甚乎？比而觀之，可斷歸生之獄矣。

公會晉侯、宋公、衛侯、鄭伯、曹伯于黑壤 七年

黑壤之會，公志也。晉受賂而會諸侯，以定公位也。與會不與盟，縱有其事，亦於此經之取義無關焉。

楚子伐鄭，晉郤缺帥師救鄭 九年

楚稱爵，非與之也，明楚莊自將以重師臨鄭，晉欲不救而不可得也。不然，喪未踰月，方哭泣之不暇，忍從戎陣乎？經於諸侯有貶而書爵者，或目乎其人以著其罪，如宋師伐戴，鄭伯伐取之是也；或明其親行，以別於卿大夫，如會宋公、陳侯、蔡人、衛人伐鄭是也；又有別見貶斥之義，但質言之而稱爵者，如楚滅庸、圍鄭，曰圍、曰滅，貶可知矣，故質言之而稱楚子。

陳殺其大夫洩冶 九年

凡亂賊弑君及其大夫，則書名，孔父、仇牧、荀息是也，胡氏謂君名於上，臣不得不名於下，固也。然猶有説，聖人重死節之臣，著其名於策以垂不朽。若氏與字，則疑其久而隱矣。洩冶不死，則靈公不弑，春秋比之宋華督之殺孔父，故書其官而并識其名。

齊崔氏出奔衛 十年

稱氏者，穀梁謂舉族而出之。蓋崔氏之宗强，高、國畏其逼而盡逐之也。左氏云：「高、國逐崔杼，告以族，不以名。」趙氏以自是五十餘年，崔杼乃行弒逆。以七十言之，是時杼尚未冠，豈能專國而爲高、國所畏？此論近是。且經止稱氏，亦不必指定爲何人也。

晉人、宋人、衛人、曹人伐鄭 十年

鄭固可伐也，然不討陳賊，而以從楚之故伐鄭，是之謂不知類，故稱人以示貶。況鄭之從楚田，晉之不能庇鄭也，晉人何不自反乎？

齊侯使國佐來聘 十年

喪未踰年而稱爵，譏忘哀也。黄氏正憲曰：「卒三月而葬，太速者。觀崔氏見逐於君終之際，嗣子稱侯於未踰年之前，則必有其故矣。」季氏本曰：「國佐來聘者，豈特爲行父之賀嗣君哉？蓋頃公之立，國中未靖，而高、國既逐崔氏，恐其愬於諸侯，故其禮獨異，以固魯交耳。」

楚子伐鄭 十年

左傳：「楚子伐鄭，晉士會救鄭，逐楚師于潁北。諸侯之師戍鄭。」胡傳謂經不書救鄭，責晉

也。夫救而責之，又何以處不救乎？明年楚、陳、鄭盟于辰陵，鄭之服楚可知矣。若諸侯救鄭而戍之，鄭人何以從楚乎？楚稱爵而不人，明楚子親將以重師臨鄭，與九年伐鄭書法同。彼善郤缺之救，此責晉與諸侯之不救，以寬鄭人從楚之罪也。

楚子、陳侯、鄭伯盟于辰陵 十有一年

三國稱爵，而序楚於陳、鄭之上，予楚伯也。宋、鄭、陳三國弒君，諸侯不能討而楚討之，能禁楚之不伯乎？或曰：楚莊非真能討賊也，與晉争伯，假此以爲名耳。曰：五伯皆假也，名義之不泯，猶幸有假之者。

公孫歸父會齊人伐莒 十有一年

莒恃晉而不事齊，齊人合魯伐之。杜氏謂曰：「稱齊人以示貶，人齊亦以人魯也。」

冬十月，楚人殺陳夏徵舒。丁亥，楚子入陳，納公孫寧、儀行父于陳 十有一年

傳云：「楚子入陳，殺夏徵舒。」經文先書殺，後書入，予楚子之能討賊也。若入而殺，則是争奪國邑而殺人以逞，不得謂之討賊矣。殺繫月，入繫日，明討賊爲一事，入陳又一事也。褒自

褒，貶自貶也。楚子初欲縣陳，既而復之，聖人善改過。向非納公孫寧、儀行父，則并入陳不書矣。陳靈之弒，禍由寧父，其惡與徵舒何異？陳人所欲殺之而甘心者也。楚子不察而强納之，書曰楚子入陳，納公孫寧、儀行父于陳。書法與伐齊納糾、圍陳納頓子同。一若入陳之舉專爲納此二惡者，所以重貶楚子之保奸，誅孔寧、行父之肇亂，其義嚴矣！殺徵舒稱人，人者衆詞也，入陳不稱人而稱爵，明楚子之違衆保奸也。且一概稱人，無以别乎爲褒爲貶也。

楚子圍鄭 十有二年

左氏：楚圍鄭三月，「克之，入自皇門，至于逵路」。經不書入而書圍，何也？鄭伯肉袒牽羊以逆楚子，曰：「俘諸江南以實海濱，亦惟命；翦以賜諸侯，使臣妾之，亦惟命。」鄭之屈辱至此，極矣。不書入者，爲鄭諱也，爲東諸侯諱也。胡傳謂嘉楚子能討賊而從末減，非也。

晉荀林父帥師及楚子戰于邲，晉師敗績 十有二年

楚人討賊滅陳，乘勝圍鄭，其志益驕，勢益横矣。晉救鄭是也，即與楚戰，亦未爲大非，何也？鄭當南北之交，晉、楚之所必争也。若以鄭、楚既平，晉遂斂師而退。他日責鄭從楚，其何以服鄭乎？然則何不書救，而以晉主是戰？曰：楚圍鄭三月矣，既克，而晉師乃至，是無意於救

鄭也。無意救鄭，又何用與楚戰乎？是以没救而書及也。或云聖人責林父而與楚伯，非也。或云晉以救鄭而敗不足爲辱，亦非也。

晉人、宋人、衛人、曹人同盟于清丘 十有二年

杜氏曰：「書人同盟，猶曰人自爲盟也。」按凡言同盟者，同欲也。然必有爲之主者，而後可同其同。清丘之盟，人相爲盟，人相爲同也，同而不同也。書同盟而人列卿，明晉人不能統攝諸侯，而中國無伯也。後屢書同盟，不稱人者，義已見於此也。

宋師伐陳，衛人救陳 十有二年

胡傳謂楚討陳賊而封陳，陳德楚而不貳，未足爲責。此原情之論也。然律以尊王之義，陳亦惡得無罪乎？書曰「宋師伐陳」，伐者聲罪致討之詞，明宋師之非無名也，罪陳人也。然不諭之以大義，結之以恩信，遽動大衆而伐之，是假公濟私也。書「衛人救陳」，責宋也。衛不遣使諭二國，以返正恤鄰之道而爲之平，遽興師以救，是背盟也，故稱人以示貶。陳、衛之罪顯，而情則可原；宋假伐叛爲名而肆毒於陳，其情重可惡也。故二國交譏，而責宋爲重。

衛殺其大夫孔達 十有四年

衛殺孔達，與魯刺公子買同。

公孫歸父會齊侯于穀 十有四年

宣公因齊得國，所以事齊者易世不衰。至是晉益强，而齊漸弱，楚復肆其横暴，非晉莫與抗也。於是魯人移其事齊者以事晉，故穀之會，公不親往，越二年，遂盟于斷道以謀齊。

公孫歸父會楚子于宋 十有五年

楚圍宋，魯人有震鄰之恐，故使歸父往會。或曰平宋，非也。至歸父爲仲遂子，宣公之立由仲遂，仲遂卒，公以歸父爲腹心，欲以間三桓而去之。歸父不自度德量力，毅然以張公室爲己任，故會于穀，會于宋，如齊，如晉，皆奉密命以往，此東門之逐所自來也。

宋人及楚人平 十有五年

二國俱稱人，貶也。貶楚宜矣，宋何罪乎？曰：貶宋者，貶伯主、鄰國也。楚人頓兵堅城之下，師老糧匱，使晉率諸侯之衆，乘其飢罷而擊之，一戰而大敗楚師，與城濮比烈矣。乃晉人以天方授楚，未可與争，坐待宋之覆亡而莫之恤。魯復遣卿賂楚，以圖自免。宋人死守孤城，至於食子析骸，而外援不至，使他國處此，早已肉袒面縛，乞哀於楚軍矣。事窮勢蹙，不得已而與楚平，宋罪也與哉！實伯主、鄰國之罪也。聖人貶宋之平楚，欲人求所以平之故也。公羊謂二國之貶以平在下，故胡傳因暢言人臣事君之道，以子反、華元爲攘善自專，論雖正而無當。華元之告子反也，曰「寡君使元以病告」，其爲奉令而行可知矣。且曰城下之盟，有以國斃不能從也。觀其立言侃侃，不抗不卑，可謂不辱君命者矣。子反以告于王，固請退師，楚子許之，何專之有乎？人臣以身任家國之重，不幸而當呼吸存亡之時，設謀爲國，苟可有濟，雖批鱗觸怒，有所不顧。若必謀自君出，不論理之是非，事之成敗，而唯唯奉命，國家安用此庸劣之臣哉！

王札子殺召伯、毛伯 十有五年

王札子，王子札之訛也。殺二伯，專肆甚矣，天王之政刑安在乎？

初税畝 十有五年

古者助而不税。助者，助耕公田也；税者，税其私畝也。助耕既取十之一，又税其私田之十一，哀公所謂「二猶不足」是也。書曰初，譏創始也。井田之廢，作俑於是矣，此聖人所重惡也。公、穀俱以稅畝爲廢公田，胡傳因謂：「民惟私家之利，不竭力以奉公，公田之入益薄，是以廢助法而稅畝。」果爾，是民之罪，非公之過也。公事畢，然後敢治私事，此周之定制也。田畯保介之官實督之，民雖欲靳力於公，可得乎？

大有年 十有六年

書大有年，志幸也。自宣公即位以來，頻歲螽蝗水旱，民不聊生，至是而獲大有。此周公、魯公之靈不忍孑遺盡捐溝壑也，爲子孫者，可不知警乎！

公會晉侯、衛侯、曹伯、邾子，同盟于斷道 十有七年

斷道之盟，或曰謀齊，或曰謀楚。東方之國齊爲大，不服齊無以抗楚，謀齊即所以謀楚也。

歸父還自晉，至笙，遂奔齊 十有八年

曰「還自晉，至笙，遂奔」，明使晉之事畢而後奔，善之也。胡氏寧曰：「歸父欲入而復命，則必見殺，見殺則增君之惡。其出奔賢於入也。況又壇帷，復命于介，袒括，哭踊，不失禮乎！」

春秋鈔卷之七

成公

王師敗績于茅戎 元年

不曰戎敗王師，而曰王師敗績于戎。戎不能抗王也，王師自敗耳。戎已平而去矣，劉康公倖功貪利，邀而伐之，卒至王師敗績，辱天子而墜王綱，厥罪大矣。不書康公伐戎者，上累王也。

取汶陽田 二年

返我汶陽田而曰取者，自晉言之也。魯不能返而晉取之，是非魯田也，晉田也。八年韓穿來，言歸田于齊。取此與彼，惟晉人操之也。

公及楚人、秦人、宋人、陳人、衛人、鄭人、齊人、曹人、邾人、薛人、鄫人盟于蜀 二年

左傳：「蔡侯、許男不書，乘楚車也，謂之失位。」失位云者，失其君之位，甘心爲楚人也。公

之與盟，亦失位也。公賂楚，與公子嬰齊會，其服從乎楚，猶之蔡、許也。不然，彼主盟同盟者何人歟？而公肯降以相從也。然則是盟也，楚人與十國盟也。公與蔡、許皆楚人也，蔡、許不序，公書而不諱，重惡乎倡率天下以從楚之僭王者。

公會晉侯、宋公、衛侯、曹伯伐鄭 三年

鄭人背晉從楚，邲之戰，鄭爲楚導四國。伐之，討有罪也。魯、宋、衛方與楚盟于蜀，旋即悔而從晉，尤聖人之所嘉也。宋、衛未葬而以吉禮從戎據告，書爵，二國忘哀之罪著矣。

新宫災，三日哭 三年

廟災而哭，禮也。胡傳以神主未入，災而哭，爲非禮。謬矣。夫自鳩工以至落成，一木一石無不兢兢業業，以爲是先公神靈之所依也，無端而災，必有所以致之。自君以下撫躬省咎，悲痛所不容已也，而以爲非人情，可乎？宣公之薨，至是二十有八月，而主未入廟，人子之情已不能安，災而復構，又須遲之數月，苟有人心，能無恫然？況新宫之稱，對舊而言，或入主未久而即災，未可知也。必以爲神主未入，亦何據乎！

冬十有一月，晉侯使荀庚來聘。衛侯使孫良夫來聘。丙午，及荀庚盟。丁未，及孫良夫盟 三年

自鞌之戰，三國勝齊，晉、衛與魯講信脩睦，故二卿來聘。左傳、公羊俱云「尋舊盟」。非生事，專命也。不繫國，蒙上也。

鄭伐許 三年

二歲之内，鄭伐許者三，前稱師，後稱爵，可知此稱國之爲闕文，而狄鄭之説不足信也。

公如晉 四年

連歲如晉，以嘗即楚故也。

鄭伯伐許 四年

程子曰：「稱鄭伯，見其不復爲喪，以吉禮從戎。」按鄭襄以許不事己，一年之内兩加兵焉，聖人所重惡也。鄭悼嗣位，不能幹父之蠱，又從而濟惡焉，已不可爲人子矣。況喪未踰年，非有天王、伯主之期會徵發，而吉禮從戎，是自絶於子道也。經不言鄭子，而曰鄭伯，若曰如鄭悼者，不可以人子之道律之也。

夏，叔孫僑如會晉荀首于穀 五年

左傳：「晉荀首如齊逆女，故宣伯餫諸穀。」大夫私會于他境，專恣甚矣。

十有二月己丑，公會晉侯、齊侯、宋公、衛侯、鄭伯、曹伯、邾子、杞伯同盟于蟲牢 五年

蟲牢同盟，鄭服也；九國同心，外楚也，文定所謂諸侯不臣之意在言外矣。

二月辛巳，立武宫 六年

武公佐宣王有武功，故謚武，至成公十一世矣。毁廟已久，書曰「立武宫」，立者，不宜立也。季氏自多其伐齊取汶田之功，立武廟以示武功之當崇重也。

衛孫良夫帥師侵宋 六年

衛、魯侵宋，晉命也，以宋辭會故也。楚圍宋而晉不救，一辭會而命二國伐之，亦已甚矣。二國知宋之無罪也，止侵之而已。凡征伐，奉伯主之命，不得已而動師者，皆言侵。侵者，淺掠之詞也。趙氏曰：「晉以衛不用命，更以命魯，魯侵宋而已。魯疑晉以宋爲未服而罪魯也，故以行父如晉，言宋之服。」

吴伐郯 七年

凡會盟征伐，或君親行，或遣卿大夫。彼國之來告者，君則稱爵，臣則稱名。如其告而書之者，嘉之也。有所貶，則不論君臣，皆書人。其有止稱號者，外之也，不别其爲君爲臣也。荆、吴何以外？二國僭號王，告詞以王來，則削而稱國。彼既自外於天地之間，則亦不别其爲君爲臣也。不以王來，則人之爵之猶乎列國也。列國亦有稱號者，或告詞偶略，或文缺也。至吴稱子，王降之也，以爲聖人進退諸侯則未敢信。

吴入州來 七年

州來，楚邑也。春秋書吴楚交兵自此始。左傳：楚申公巫臣奔晉，怨子反、子重，「自晉遺二子書曰：『爾以讒慝貪惏事君，而多殺不辜，余必使爾罷于奔命以死。』巫臣請使于吴，晉侯許之。吴子壽夢説之，乃通吴于晉，以兩之一卒適吴，舍偏兩之一焉。與其射御，教吴乘車，教之戰陳，教之叛楚，置其子狐庸焉。使爲行人于吴，吴始伐楚，伐巢、伐徐。蠻夷屬于楚者，吴盡取之，是以始大，通吴于上國」。按吴之浸强，晉爲之也。晉欲以吴罷楚，楚罷而吴患熾矣。此作事所以責謀始也。

衛孫林父出奔晉 七年

林父，良夫子也，良夫擅權數十年，世及其子，横肆益甚。定公憾之，而未有以譴也。林父奔晉，假盟主以抗其君，未幾復國，遂擅廢立，又入戚以叛。履霜堅冰，非一朝一夕之故矣。晉爲伯主，助叛臣以逆其君，綱常倒置，禮法蕩然，莫此爲甚。先儒謂衛獻、魯昭之失國，晉實爲之，夫晉亦何愛於魯、衛之叛臣乎？欒郤之徒，晉之季孫、林父也。厥後六卿分晉，惡逆甚於魯、衛矣。

晉欒書帥師侵蔡 八年

趙氏鵬飛曰：「蔡背晉即楚久矣，欒書以師侵，所以振伯主之威，聖人之所與也。」家氏鉉翁曰：「未能制楚，而侵小國以爲功，春秋所不與也。」家説較勝。

宋公使華元來聘 八年

昏聘納幣，常事也，何以書？録伯姬也。胡傳以使卿爲越禮，非也。

公會晉侯、齊侯、宋公、衛侯、鄭伯、曹伯、莒子、杞伯，同盟于蒲 九年

七年同盟于馬陵，同病楚也。九年同盟于蒲，尋馬陵之盟也。凡言同盟者，皆諸侯所同欲

也。胡傳謂有惡其反覆而書同者，蓋指襄九年、十一年戲與亳城之盟皆書同，而鄭人旋而悖之。不知鄭之悖盟，迫於楚而從之，非不同欲也。且春秋書盟一百有九，而同盟僅十有六，豈彼百有九盟者皆終始無貳耶？

楚公子嬰齊帥師伐莒。庚申，莒潰。楚人入鄆 九年

伐猶可也，圍而入，則惡甚矣，故伐書名，而入書人。左傳：「楚師圍莒，莒城亦惡。庚申，莒潰。」經不言圍者可知也。莒潰書日，明非一伐即潰，伐而圍，至庚申潰也。莒人防禦無備，人心離散，胡傳備矣。

公會晉侯、齊侯、宋公、衛侯、曹伯伐鄭 十年

左傳：「鄭人圍許，示晉不急君也。是則公孫申謀之曰：『我出師以圍許，爲將改立君者，而紓晉使，晉必歸君。』」又云：「鄭公子班聞叔申之謀，三月，子如立公子繻，夏四月，鄭人殺繻，立髡頑。欒武子曰：『鄭人立君，我執一人焉，何益？不如伐鄭而歸其君，以求成焉。』」按晉爲伯主，無端而執諸侯，既亂人之國，而後伐而歸其君，罪惡可勝誅乎！叔申之謀，前此有行之者矣，衛太叔、公子瑕是也；後世有行之者矣，宋高宗、明景泰是也。於時事未嘗無濟，然而非正

也，懷遠慮者不爲也。然則爲之奈何？嗣子監國，遣使行成，委曲婉轉以諭之，呼號涕泣以動之，不得所願，則愬之天王，告之鄰國，痛哭興師，誓不復君不已，至誠懇切之所感動天地，鬼神亦爲呵護，而況於人乎？即不然，而外示敵人以宗廟社稷之有主，而不改元，不即位，軍國重務悉以君命行之，而修德行仁，撫民訓士，卧薪嘗膽，以待天意之挽回、敵人之悔悟，不愈於立君於倉卒，而遺禍於將來者乎？

及郤犨盟 十有一年

十年七月，公如晉，晉人以公貳于楚，止公。至十一年三月，公請盟，乃反公于國，而使郤犨涖盟于魯，辱公甚矣。晉人不足責，公之忍恥含羞，柔懦不振如此，亦可歎矣。

叔孫僑如如齊 十有一年

迫于晉之辱，乃修好于齊。

公會晉侯、衛侯于瑣澤 十有二年

瑣澤之會，謀伐秦也。晋、楚之成不見於經，即有之，亦於此會無關焉。

晉侯使郤錡來乞師 十有三年

曰乞師，聖人特筆也，不與伯國用諸侯之師也。

公至自伐秦 十有三年

既稱公如京師，又稱至自伐秦者，正其名以昭臣子之義，不没其實，以著不臣之心。聖人之用意微矣。

公會晉侯、衛侯、鄭伯、曹伯、宋世子成、齊國佐、邾人，同盟于戚。晉侯執曹伯，歸于京師 十有五年

楚人以鄭侵許，晉會諸侯，將謀伐鄭。盟于戚，備楚也，故書同盟。既盟而執曹伯，討篡賊也；歸于京師，使即天刑也。執于會，明與諸侯公討也。孟之會，楚子執宋公，不言楚子執者，分過於諸侯也。此特書晉侯執，重嘉晉侯之能討賊，不與諸侯分功也。先儒乃謂曹伯既盟而又執之，書同盟，爲曹伯言之，此大謬也。或云：先會諸侯，執曹伯而後盟，則曹人不得藉詞矣，是則晉侯措置之未善也。

宋華元出奔晉。宋華元自晉歸于宋。宋殺其大夫山。宋魚石出奔楚 十有五年

兩稱宋華元，明華元之重有賴于宋也。山之殺，石之出，俱稱宋者，國人殺之，國人出之也。元之殺山、出石，爲國討賊也，非有私憾于桓氏也。

叔孫僑如會晉士燮、齊高無咎、宋華元、衛孫林父、鄭公子鰌、邾人會吴于鍾離 十有五年

特言會吴者，列國大夫往會于鍾離也。先言叔孫僑如會諸大夫者，會猶及也，爲内言也。不曰及而曰會者，所及者衆也。

甲午晦，晉侯及楚子、鄭伯戰于鄢陵。楚子、鄭師敗績 十有六年

鄢陵之戰，晉之勝楚，幸也。當時諸侯之師未至，晉以偏師獨當楚、鄭，能保必勝而不敗乎？范文子釋楚爲外懼之説，託詞也。其實量力度勢，未有克敵之勝算，爲主將者能無懼乎？此時惟當堅陳固壘，以老楚師，而待諸侯之會，如欒書所云，庶幾近之。乃郤至、趙武以驕悍之性，輕於一戰，向令鄭、楚嚴陳整旅，以當陷淖之車，厲公且不免，況師衆乎？兵凶戰危，輕躁嘗試，以儌倖萬一之勝，聖人之所重惡也，故書「晉及」以示戒。雖然，成、景以來，諸侯皆背晉而從楚，鄢陵之役，幸而制勝，復伯之機也。善乎文子之言曰：「君幼，諸臣不佞，何以及此？君其戒

之！周書曰『惟命不于常』，有德之謂。」使厲公能用此言，勤政修德，以撫諸侯而尊周室，豈不比烈桓、文哉！

曹伯歸自京師 十有六年

凡書至者，不曰自某至，而曰至自某，先言至者，幸之也。何以幸？自某也。此書曹伯歸，先言歸者，異之也，何以異？自京師也。稱爵不稱名，明負芻之爵，王爵之也。夫以弑君簒國、覆載不容之逆賊，執而歸之京師，在負芻亦自知誅戮之不免矣。乃卒奉王命以二等諸侯歸，尚得謂有政刑哉！

季孫行父及晉郤犨盟于扈 十有六年

晉以僑如之譖執行父，公請于晉而得釋，於是盟于扈。而將歸，僑如懼而奔齊。僑如之罪，誠不勝誅，書出奔，譏縱也。至以穆姜，此皆君之言，疑公子偃而刺之，則已甚矣。高氏閌曰：「直云刺者，非其罪也。」

公會尹子、單子、晉侯、齊侯、宋公、衛侯、曹伯、邾人伐鄭 十有七年

鄭背晉而侵宋，晉伐鄭，及楚、鄭戰于鄢陵。鄭雖敗績，猶未服也。乃會諸侯于沙隨，而以

王命討，故以尹子主師。明年又連會諸侯伐之，而以尹子、單子主師。然鄭卒不服者，以晉厲無道，徒恃兵力以服人，無益也。東遷而後，征伐自諸侯出久矣。自齊桓、晉文假王命以服諸侯，其後遂有挾王臣、以王師，如晉侯之伐鄭者，是等王於鄰國諸侯也，罪又甚於桓、文之假矣。汪氏克寬曰：「春秋于伐秦不書劉成者，所以削其請王師而著因行朝王之慢也。于伐鄭洊書尹、單，所以彰其瀆王臣之失也。夫苟伐秦書劉成，則爲朝王請命，而伐秦爲善矣。伐鄭不書尹、單，則無挾王臣之罪，而討貳抑楚不爲過矣。聖人筆削，豈不深切著明哉！」

九月辛丑，用郊　十有七年

郊特牲云：「郊之用辛也，周之始郊日以至。」蓋始郊至日，適遇辛，後遂徑用辛日也。此言用郊，謂用九月辛丑日，猶郊特牲所云用辛也。啓蟄而卜郊，祈年也。成十年四月，五卜郊，不從，乃不郊。至是亦必屢卜不從，乃緣禮文，徑用九月辛丑，用則不卜也。所取乎九月者，改仲春爲仲秋也。非時不敬，失禮之中又失禮矣。

晉殺其大夫郤錡、郤犨、郤至　十有七年

厲公殺三郤，欲强公室也。三郤死，而厲以弑，黨援專擅之禍至此極矣。幸而悼公賢明，晉

室復張。然在位不久，平、昭繼之，漸以陵替，韓、魏、荀、趙更迭柄政，卒至六分晉室，非一朝一夕之故也。

晉弑其君州蒲 十有八年

晉殺其大夫三郤，殺其大夫胥童，弑其君州蒲，俱稱國。比事而觀，可得晉亂之故矣。孰弑君？殺嬖臣胥童者是也。孰殺胥童？胥童之所欲殺者是也。厲公以胥童之言殺三郤，胥童之所欲殺者不獨三郤也，不獨書偃也。然則欲指一人以爲弑君之賊，不可得矣。曩者靈公之弑，與公爲難者獨趙盾耳，坐以弑君之罪，復何辭？若厲公，則六卿皆敵國也。士匄、韓厥之徒，其無君豈在書偃下哉？且聖人作經，所據者舊史，舊史所據者告詞也。假令告詞如左氏言，直書欒書弑君，聖人亦惟仍史舊文，而别著六卿與聞之意焉耳，豈得曲爲欒書諱乎？惟舊史無據，傳聞異詞，故書曰「晉弑其君州蒲」。使天下後世因是而尋其故，而弑君之賊庶不漏網耳。

齊殺其大夫國佐 十有八年

高氏奔，國佐殺，必有自取之罪。傳言未足盡信也。

春秋鈔卷之八

襄公

仲孫蔑會晉欒黶、宋華元、衛甯殖、曹人、莒人、邾人、滕人、薛人圍宋彭城 元年

季氏本曰："「魚、石倚楚爲援，據邑要君，非人臣之禮。晉侯始起，即合諸侯討之，可謂急於爲義矣。」按楚取彭城，封宋叛臣，其悖甚矣。經書圍宋彭城，若曰此彭城也，宋先君受封於天子之地也，楚焉得奪之？魚、石焉得據之？正封疆而還之宋，天子事也，可謂深切著明矣。

夏，晉韓厥帥師伐鄭。仲孫蔑會齊崔杼、曹人、邾人、杞人次于鄫 元年

諸侯次鄫，爲晉掎角也。不會師以黷武，春秋善之。

晉師、宋師、衛甯殖侵鄭 二年

鄭可伐也，伐喪則非，故書侵。衛不稱師，將尊也。

冬，仲孫蔑會晉荀罃、齊崔杼、宋華元、衛孫林父、曹人、邾人、滕人、薛人、小邾人于戚，遂城虎牢 二年

城虎牢，以制鄭扼楚。不書伐取，亦不繫於鄭，善晉侯也，非責鄭之不能守也。

春，楚公子嬰齊帥師伐吴 三年

楚不得志於北方，恐吴之乘隙而侵也，故伐之，卒爲吴人所敗，而楚益屈矣。二年冬，殺公子申、壬夫、嬰齊，畏申之逼也。大臣相殘於内，晉、吴交怨於外，楚之所以替，晉之所以伯也。

公及晉侯盟于長樗 三年

盟于長樗，晉侯之謙也，出國都也。

六月，公會單子、晉侯、宋公、衛侯、鄭伯、莒子、邾子、齊世子光。己未，同盟于雞澤。陳侯使袁僑如會。戊寅，叔孫豹及諸侯之大夫及陳袁僑盟 三年

雞澤同盟，外楚也，諸侯所同欲也。袁僑如會，非後也，諸侯不盟大夫，既盟，而使大夫盟之是也。書曰諸侯大夫，其爲奉命可知，非私盟也。兩言「及」，文當然也。然大夫不得盟諸侯，諸

侯盟王臣，可乎？前書公會單子，後書大夫及袁僑盟，不待褒貶而得失瞭然矣。

冬，晉荀罃帥師伐許　三年

雞澤同盟，鄭服矣。袁僑如會，陳亦服矣。許不與會，新遷于葉，楚定之也。修文德以來之可耳，荀罃帥師伐許，毋乃求多欲速之過乎！

八月辛亥，葬我小君定姒　四年

妾母稱小君，僭也。速葬，禮略也。襄母、哀母皆定姒，文有誤也。

陳人圍頓　四年

左氏：楚人使頓間陳而侵伐之，故陳人圍頓。

叔孫豹、鄫世子巫如晉　五年

四年，公如晉請屬鄫，晉侯不許，孟獻子固請，乃許之。五年，叔孫豹覿鄫世子于晉，書曰叔孫豹、鄫世子巫如晉，言比諸魯大夫也。大無王命，而屬與國以爲附庸，非正也。戚之會，鄫人與焉，豈鄫世子覿晉而晉侯終不許耶？

仲孫蔑、衛孫林父會吴于善道 五年

雞澤之盟，荀會逆吴子于淮上，不至。至是將合諸侯于戚，適吴子請會，故使魯、衛先之，且告會期。杜氏云：「魯、衛俱受命於晉，故不言及。」

楚殺其大夫公子壬夫 五年

壬夫與嬰齊實殺公子申，壬夫之死，亦必公子貞輩忌而殺之也。殺人者殺於人，可不畏乎！

公會晉侯、宋公、陳侯、衛侯、鄭伯、曹伯、莒子、邾子、滕子、薛伯、齊世子光、吴人、鄫人于戚 五年

左氏：「盟于戚，會吴且命戍陳也。」林堯叟謂經不書盟，爲晉諱，非也。晉爲主而吴來會，可會即可盟，何用諱乎？經傳言會盟異詞者，不獨此也。吴稱人，取文順也。

宋華弱來奔 六年

華弱與樂轡争于朝，公逐之，遂來奔。

季孫宿如晉 六年

滅鄫，直是莒人滅之也。鄫，魯之與國也，莒滅之而魯不救，魯將有所利之也。故晉人討於魯，曰「何故亡鄫」，是以季孫如晉聽命也。

季孫宿如衛 七年

比書滕、郯、小邾來朝，小國畏我也。大夫如晉、如衛，我畏大國也。於是邦交煩而民不堪命矣。

冬十月，衛侯使孫林父來聘。壬戌，及孫林父盟 七年

左氏：季孫「報子叔之聘，且辭緩報，非貳也」。按公即位，衛公孫剽來聘，越七年而後報之。雖曰非貳，慢衛甚矣。是時衛弱於魯，魯又與晉方睦，故衛人疑懼，遂使林父來聘而要盟。

公會晉侯、宋公、陳侯、衛侯、曹伯、莒子、邾子于鄬 七年

左氏：「楚子囊圍陳，會於鄬以救之。」按此必陳侯聞楚師將至，求救於諸侯，比會於鄬，楚已圍陳矣。陳侯見諸侯之師逡巡不果，又爲二慶所迫，不得已而逃歸。不能自强以立國，而效

匹夫之逃，亦可愧矣。

春王正月，公如晉 八年

自鄬如晉也，故會鄬不書公至。

鄭人侵蔡，獲蔡公子燮 八年

鄭人侵蔡，欲以求媚於晉也。公羊謂侵而言獲，適得之也，幸也。子産曰：「小國無文德而有武功，禍莫大焉。」知矣哉！卒致楚師之伐，乃又背晉而平楚，鄭國從茲無寧日矣。

季孫宿會晉侯、鄭伯、齊人、宋人、衛人、邾人于邢丘 八年

晉侯體恤諸侯，令大夫聽命于會。鄭伯適獻蔡捷于晉，故與焉。公之如晉，朝正也。晉侯謙不受，是以辭。然前書公如晉，後書公至自晉，是公已涖晉國矣。辭其朝而與之會，斯兩得之道也。晉侯慮不及此，疏也。公不自請會，季孫擅權也。至晉悼姑息之過，文定之論備矣。

莒人伐我東鄙 八年

莒人滅鄫，而有鄫地。與魯爲鄰，故頻伐我東鄙，争疆界也。

晉侯使士匄來聘 八年

左氏：「晉范宣子來聘，且拜公之辱，告將用師于鄭。」

遂滅偪陽 十年

晉合諸侯滅偪陽，以與宋通，晉、吴往來之地也。晉、吴之通久矣，未聞偪陽爲之梗。況以晉之强，帥諸侯之師而臨之，苟諭之以義，何患不服？乃百計攻克，俘其君而殄其祀，晉之罪也。經於會吴之下書曰「遂滅」，分過於諸侯也。

戍鄭虎牢。楚公子貞帥師救鄭 十年

以形勢言之，天下之虎牢也；以境土言之，鄭之虎牢也；天下之虎牢，即鄭之虎牢也。城不繫鄭，而戍繫鄭者，其義互見也。城非取之，戍非還之也。凡救皆善，有不善者不載於經。惟是年楚救鄭，與僖二十八年楚人救衛，非善楚救也。文公之伐衛，所以致楚師之救，而解宋圍也；悼公之戍虎牢，所以拒楚人之救，而絶鄭援也。兩書楚救，見二公用師之善也。且虎牢之戍，制鄭亦蔽鄭也。我討鄭，楚不得而救之；鄭服我，楚亦不得而侵之也。五年嘗戍陳矣，而終失陳，以此知地利之所關至重也。

鄭公孫舍之帥師侵宋 十有一年

鄭之事晉、楚也，犧牲玉帛，待于二境，惟强是從。至蕭魚之會，而後傾心服晉焉。左氏謂堅欲從晉侵宋，以致諸侯之師，因以取信於楚，其説似未足信。

公會晉侯、宋公、衛侯、曹伯、齊世子光、莒子、邾子、滕子、薛伯、杞伯、小邾子伐鄭，會于蕭魚 十有一年

先儒云，齊桓服楚，晉文勝楚，晉悼敝楚。愚謂敝則不必求勝，而未嘗不服。何以敝？以鄭餌也。晉伐鄭則楚救，楚伐鄭則晉救，楚師來而晉已退矣，晉師至而楚猶未及焉。屢伐屢救，楚人罷於奔走，挫鋭抑鋒，師老糧匱。而晉以更番休暇之師待之，擊則勝，舍則服，豈惟得鄭？楚亦帖然。此即城濮伐衛救宋之故智也。晉悼洵不愧先烈哉！然戲之役，下令列國，修器備，盛餱糧，歸老幼，居疾于虎牢，肆眚圍鄭。蕭魚則信鄭不疑，禮其囚而歸焉。納斥候，禁侵掠，推心置腹，感以至誠，此則齊桓、晉文所未有之盛矣。以故伐而會，會而不盟，鄭已服，而不次於諸侯，非不會也。孚以誠信，不在乎會不會也。較之召陵陳師，徒費詞説，即屈完歃盟，亦屬多事。觀伯有如楚，告以實情而不諱，楚怒行人，亦旋執而旋釋。自是二十年鄭不貳晉，楚不侵鄭，非晉悼至誠之所感動，能如是乎！

秦人伐晉 十有一年

秦仇晉而助楚，吴仇楚而通晉。然晉屢勝秦，而楚每敗於吴者，吴通晉，正也，秦助楚，悖也。

晉侯使士魴來聘 十有二年

左氏：「晉士魴來聘且拜師。公如晉朝，且拜士魴之辱。」晉悼服鄭，使魯拜師，伯主之謙也。公拜士魴之辱，則恭而過矣。

楚公子貞帥師侵宋 十有二年

十二年，楚公子貞帥師侵宋，明年伐吴，蓋不得志於鄭，聊復爾爾，非有攻城略地之志也。至十八年聽子孔之謀，使子庚將兵嘗試於鄭。南風不競，師徒幾盡，是則悼公三駕之遺烈未泯夫！

季孫宿、叔老會晉士匄、齊人、宋人、衛人、鄭公孫蠆、曹人、莒人、邾人、滕人、薛人、杞人、小邾人會吴于向 十有四年

吴告敗于晉，向之會，爲吴謀楚也。齊、宋、衛稱人，非命大夫也，慢也。魯使二卿，過也，過

猶不及，均非禮也。悼公政尚寬簡，其流弊使列國大夫專擅邦交，以意爲輕重，晉悼伯業於是日衰矣。

叔孫豹會晉荀偃、齊人、宋人、衛北宫括、鄭公孫蠆、曹人、莒人、邾人、滕人、薛人、杞人、小邾人伐秦 十有四年

十二年，秦伐晉，戰于櫟，晉師敗績。十四年，晉會十三國伐秦，報櫟之役，忿兵也。師出無律，將各異心，勞民而無功，晉之伯業衰矣。

衛侯出奔齊 十有四年

逐書奔，若曰天下豈有出其君父之臣子哉？此聖人之微旨也。然則逐君之亂臣，不幾隱而不著乎？本文雖不明言，必於上下文見之。逐衛君者，孫林父也，諸侯會于戚，謀定衛也，而孫林父在焉。甯喜弑剽，而林父以戚畔，其爲林父逐君可知矣，甯殖特黨惡耳。

楚公子貞帥師伐吴 十有四年

不得志於諸侯，故致怨於吴，卒爲吴所敗。

季孫宿會晉士匄、宋華閲、衛孫林、鄭公孫蠆、莒人、邾人于戚 十有四年

悼公規模儘大，然不知爲國之禮。或曰悼公出郊，盟諸侯，拜師報聘，頻遣上卿，謂之不知禮，可乎？曰：此禮之小焉者也。禮之大者，在辨上下，定民志。悼公姑息諸侯，而使大夫聽命。凡會盟征伐，多委諸臣下，此大夫擅權無君所自始也。孫林父逐君，聽荀偃推亡固存之邪説，不能討叛，又從而定之，三綱五常淪滅盡矣。襄、昭以下，篡逆接踵，能不歸咎於悼公乎！

二月己亥，及向戌盟于劉 十有五年

盟，不于國而于劉，崇向戌也。公之謙也，然而非禮矣。

夏，齊侯伐我北鄙，圍成。公救成，至遇 十有五年

自鞌之戰，齊人積怨，深怒於晉。魯每會盟征伐，齊侯不至，但遣世子而已。然畏晉之强，不敢稱兵。至是伐我北鄙，蓋悼公之伯業已衰也。

公會晉侯、宋公、衛侯、鄭伯、曹伯、莒子、邾子、薛伯、杞伯、小邾子于溴梁。戊寅，大夫盟 十有六年

溴梁之會，晉圖繼伯也。會列諸侯而盟，則直書大夫，一若諸侯自會，大夫自盟者。蓋晉平

新立，六卿當國，列國皆大夫爲政，諸侯若贅旒矣。左傳：晉人執邾子、莒子，「以我故」。蓋齊叛晉而莒、邾黨齊，莒、邾連年伐我，齊命之也。莒、邾畏晉來會，而齊不至，晉不得志於齊，而執二國之君。齊又以晉執二君之故怒魯公，出會未還，而齊師臨境矣。三年之間，齊人伐我者五，蓋齊、晉爲難而禍遺於魯也。

叔老會鄭伯、晉荀偃、衛甯殖、宋人伐許 十有六年

左氏：「晉荀偃、欒黶帥師伐楚，以報宋揚梁之役。楚公子格帥師及晉師戰于湛阪，楚師敗績。晉師遂侵方城之外，復伐許而還。」果爾，是城濮以來未有之戰功也。經何以没而不書耶？且許所恃者楚也，楚敗而許自服矣，何用伐爲？以是知左氏之説未足據也。序先鄭者，大夫不先諸侯也。

齊高厚帥師伐我北鄙，圍防 十有七年

齊數伐魯，無道甚矣，亦由魯之柔懦不振也。

宋華臣出奔陳 十有七年

左氏：「華臣弱皋比之室，使賊殺其宰華吴。公聞，欲逐，左師請舍之。十一月，國人逐瘈

狗，瘈狗入于華臣氏，國人從之。華臣懼，遂奔陳。」按華臣亂政，國人莫不切齒，即微瘈狗之逐，能久居宋乎？書出奔，罪之也，而宋君臣之姑息失刑可知矣。

公會晉侯、宋公、衛侯、鄭伯、曹伯、莒子、邾子、滕子、薛伯、杞伯、小邾子同圍齊 十有八年

公羊以諸侯未圍齊而書圍，抑齊也，此曲爲諸侯諱也。聲罪致討之謂伐，伐則不圍矣。伐而圍者，假公濟私也。然而諸侯之圍齊，則固無庸諱也。圍曰同，十二國公惡也，非晉、魯之私也，故公之歸以伐致。雖然，齊環無道，晉率諸侯徵詞討罪足矣，并力圍之，不已甚乎！故謂聖人以公惡薄諸侯之罪可也，以爲與之則非也。

諸侯盟于祝柯 十有九年

祝柯之會，即圍齊諸侯也。

衛孫林父帥師伐齊 十有九年

衛伐齊，以衛侯在齊也，林父之惡甚矣。

齊殺其大夫高厚 十有九年

殺高厚者，崔杼也。稱國者，罪累君也。

叔孫豹會晉士匄于柯 十有九年

晉、齊成，而魯益滋懼，柯之會，以自固也。盟莒于向，畏黨齊也。西鄆、武城之城，嚴守備也。比而觀之，魯之畏齊甚矣。

公會晉侯、齊侯、宋公、衛侯、鄭伯、曹伯、莒子、邾子、滕子、薛伯、杞伯、小邾子，盟于澶淵 二十年

澶淵之會，齊成也。齊何以成？感士匄之不伐喪也。

蔡殺其大夫公子燮。蔡公子履出奔楚 二十年

公子燮欲從晉，國人畏楚而殺之。稱國以殺而不去官，予之也。履，燮之母弟也，國人疑而逐之。履出奔楚，示不與燮同志也。稱公子，明其爲燮之弟；不書官，貶也。

公如晉 二十有一年

左氏：「拜師及取邾田也。」

晉欒盈出奔楚　二十有一年

左氏：「欒祁愬諸宣子曰：『盈將爲亂，盈好施，士多歸之。』宣子畏其多士也，信之。宣子使城著，遂逐之。盈奔楚。」按陳、宋仇，楚、晉仇也，華臣奔陳，欒盈奔楚，奔而叛矣。

楚殺其大夫公子追舒　二十有二年

左氏：「楚觀起有寵于令尹子南，未益禄而有馬數十乘，楚人患之，王將討焉。子南之子棄疾爲王御士，王每見之必泣，棄疾曰：『君三泣臣矣，敢問誰之罪也？』王曰：『令尹之不能，爾所知也。國將討焉，爾其居乎？』對曰：『父戮子居，君焉用之？洩命重刑，臣亦不爲。』王遂殺子南于朝。三日，棄疾請尸，王許之。既葬，其徒曰：『行乎？』曰：『吾與殺吾父，行將焉入？』曰：『然則臣王乎？』曰：『棄父事仇，吾弗忍也。』遂縊而死。」按令尹子南以暱狎小人之故，楚人患之，未聞有悖逆殘酷，害於國家，爲國法所不容也。王之泣告棄疾，未必不冀其改悟也。不然，豈有欲殺人父而謀之其子者乎？爲棄疾者，當痛哭以請曰：「臣父誠當誅，請自縛以待罪於司寇，無煩王旅之經營。倘邀寬曲，暫免斧之誅，以一乘之車出諸境外而錮之，則非常之恩，非所敢望矣。」如是則王即欲加誅，未必不少待焉。或曰：令尹秉政專權，倘先發爲亂，可奈何？曰：子南庸劣無能，國人不順，縱欲爲亂，其誰與之？且棄疾誠愛其父，即不洩王命，而直陳小人之附勢爲奸，與夫人情之怨，君志之疑，反覆開導，叩頭流血，請逐觀起，盟國人，因以請罪於王，如此則子南免於誅戮，而王無專殺大夫之名，棄疾之事父事君者至矣。即不然，而一諫不聽而再，再而三，至於智窮力殫，而後伏劍而死，子南非甚凶惡，安知不痛其子之死而服罪於王？王非有積怨深怒於子南，安知不念其子之死而赦其父哉？計不出此，而坐待其父之戮，而以身殉之，忠孝兩盡者，顧如是乎！唐李璀密告德宗曰：「臣父必負陛下。臣聞君父一體，但此時陛下不能誅臣父，臣父能爲陛下危。故不忍不言，願早爲備。」又曰：「臣力竭，不能回矣。臣父誅則臣從之死，若賣父以求生，陛下安所用之？」李璀處君父人倫之大變，而子臣之誼兩全無憾，論者猶謂璀諫其父不從，當反覆以諫，雖觸怒以至於死，如演芬之臠身，亦所不惜。乃自以爲力竭而莫可回，而以父謀密告於其君，是不忍於君也，獨忍於父乎？夫演芬義子，故得遂其直，若父子天性，賊恩不祥，明知無益，而遺其父以殺子之名，璀不忍爲也。且璀之告君也，其委曲之苦心，本不忍告，又不忍不告。蓋審擇於緩急輕重之勢，所謂君不能即誅其父，父實能爲君危是也。而璀之意猶有進焉者，君危而父能免於誅乎？與其君危而父誅，何如安其君，猶可冀幸于父之不誅乎？是則不忍不告之心，即不忍告之心也。且既告之後，凡可以動其父者，必無不歐心竭力而爲之，非以一告謝責於君父也。若棄疾者，既聞君命，而重於洩言而不以告其父，是誠忍於父者矣。且君之涕泣以告，非欲其不洩也，而卒無一言婉轉彌縫於君父之間，是忍於父即忍於君也。棄疾之死也，曰不忍事仇。夫不忍事父子仇，而忍父之死於仇，以此詰棄疾，其何詞以自解乎？雖然，當春秋時有棄疾其人，亦足以愧爲人臣子而懷弑逆者。

夏，邾畀我來奔 二十有三年

畀我，庶其黨也。魯屢納邾之叛臣，故臧孫奔邾，邾亦受之。

陳殺其大夫慶虎及慶寅 二十有三年

左氏：「陳侯如楚，公子黄愬二慶于楚，楚人召之，使慶樂往殺之。慶氏以陳叛。夏，屈建從陳侯圍陳，陳人殺二慶。楚人納公子黄。」按二慶之罪大矣，不正其誅而稱國以殺者，罪累君也。胡傳備矣。虎首惡而寅次之，故言及。

晉欒盈復入于晉，入于曲沃 二十有三年

欒盈早自絶於晉矣，曷爲繫以國？重罪乎欒盈也。盈非晉世卿乎？乃以曲沃之甲入乘公門，與敵國相攻，直造國都者何異乎？兩言入，逆詞也。曰復入，逆之至也，欒盈之無君甚矣。下書晉人殺欒盈而去其官，惡之至也。然晉君臣亦與有過焉，故稱國人以殺。

秋，齊侯伐衛，遂伐晉　二十有三年

齊侯早懷伐晉之謀，而遲疑未斷。至伐衛得志，而伐晉之志果矣。「遂伐」云者，勇往直前，無復疑畏觀望也。左氏傳：齊侯「將自衛伐晉，晏平仲諫曰：『君恃勇力以代盟主，若不濟，國之福也。不德而有功，憂必及君。』崔杼諫曰：『小國間大國之敗而毀焉，必受其咎。』」齊侯俱不聽。豈真有積怨深怒於晉哉？無非欲乘晉人之亂而伐之，以奪伯耳。夫以力服人，亦必假託於仁義，況齊之力本不足以服人乎！既伐之後，懼晉從楚，使者方往，而晉師已興，崔杼乘間弒君以悦於晉，禍實起於伐晉也。比而觀之，可爲黷武者儆矣。

八月，叔孫豹帥師救晉，次于雍榆　二十有三年

是時晉有内難，而齊方强盛，故齊侯帥師伐晉，取朝歌，爲二隊，入孟門，登太行，張武軍于熒庭，戍郫邵，封少水，以報平陰之役。晉人逡巡，不敢出敵，待救也。晉人猶畏，而況豹乎？次于雍榆，待晉師出而合攻之也。然於晉已無救矣。比齊師還，乃與趙勝協追而敗之。叔孫此舉功過不相掩，故春秋先書救，而後書次，一事而褒貶兼之者，此類是也。凡言救者，皆大國伐小國，力不足敵，而伯主、鄰國救之。今以齊伐晉而待救於魯，春秋一大變局也。

冬十月乙亥，臧孫紇出奔邾 二十有三年

孟氏葬臧孫，爲除道于東門，以甲從。季孫怒而攻紇，斬鹿門關而奔。

楚子伐吴 二十有四年

左氏：「楚子爲舟師以伐吴，不爲軍政，無功而還。」

叔孫豹如京師 二十有四年

左氏：「齊人城郟。穆叔如周聘，且賀城。」高氏閌曰：「襄公即位二十有四年，如晉者五，出會諸侯者十有三，未嘗朝天子也。是時穀、洛毁王宫，而齊侯叛晉，求媚於天子，故爲王城之。於是叔孫豹始如京師，聘且賀焉。」按是時齊、魯爲難，公見齊爲王城，故使叔孫豹聘且賀。齊以叛晉，爲王役，魯緣齊難而聘王。當日諸侯猶知有共主，可見名義之終難泯没也。

齊崔杼弑其君光 二十有五年

晏子「社稷是主」數語，未爲非理。然不能討賊，又不能如陳文子之去，是則可議也。

鄭公孫舍之帥師入陳 二十有五年

左氏：「陳侯會楚子伐鄭，當陳隧者，井堙木刊，鄭人怨之。六月，鄭子展、子産帥車七百乘伐陳。宵突陳城，遂入之。子展命師無入公宫，與子産親御諸門。陳侯使司馬桓子賂以宗器，陳侯免，擁社。使其衆，男女别而纍，以待于朝。子展執縶而見，再拜稽首，承飲而進獻。子美入，數俘而出。祝袚社，司徒致民，司馬致節，司空致地，乃還。」先儒謂入人之國，未有如子展、子産之有禮者。故經無貶詞。雖然，鄭怨陳，報伐可也，突城而入，不已甚乎？入人之國，尚可言禮乎？執縶稽首，袚社致民，猶殺其人而撫之也。既書入陳，何謂無貶！

秋八月己巳，諸侯同盟于重丘 二十有五年

二十四年會于夷儀，將以伐齊，水，不克。至是諸侯方會，將討齊，以報朝歌之役，而齊亂，是伯主之資也。乃晉平受賂，許之成，而盟于重丘。是叛晉可討，弑君可赦也。列國大夫爲之也，猶吾崔子也。諸侯不序，蒙上文也。與齊成，齊侯必與盟，不言者，不與諸侯成齊也。

鄭公孫夏帥師伐陳 二十有五年

既入之，又伐之，凡以撓楚也，然而甚矣。

吴子遏伐楚，門于巢卒 二十有五年

伐楚而卒于巢，射諸城上者，非巢也，楚也。巢，楚之與國也。

衛甯喜弑其君剽 二十有六年

孰謂衛剽非篡賊？然喜既北面事之矣，弑君之誅，容可末減乎？文定廢立之説，殆非經旨。

衛侯衎復歸于衛 二十有六年

出奔不名，冀其復也，不絶其爲君也。復而名，責其不能君，以至于出也，若謂此幸而復耳，可不知儆乎？至鄭突入櫟則名，衛獻入夷儀稱爵者，獻非突比也。獻之歸衛，正也。胡傳撫内營外之論，未爲允協。

公會晉人、鄭良霄、宋人、曹人于澶淵 二十有六年

左氏：「公會晉趙武、宋向戌、鄭良霄、曹人于澶淵，以討衛，疆戚田，取衛西鄙懿氏六十以與孫氏。衛侯如晉，晉人執而囚之。秋七月，齊侯、鄭伯爲衛侯故如晉，國子使晏平仲私于叔

向，曰：『晉君宣其明德于諸侯，恤其患而補其闕，正其違而治其煩，所以爲盟主也。今爲臣執君，若之何？』叔向告趙文子，文子以告晉侯，乃許歸衛君。」按晉受林父爲逋逃主，已不足以服諸侯，而又爲臣執君，取衛田以益林父。三綱淪，九法斁，莫此爲甚，尚靦然爲諸侯盟主，當日之世道人心可知矣。晉、宋、曹稱人，貶也。鄭良霄何以不貶？鄭伯如晉，責以爲臣執君，詞婉意切，大義凜然，卒脱衛君於難，可知良霄承晉命，不得已而往會，非助林父也。不貶良霄者，嘉鄭伯也。儕公於大夫，直書不諱者，甚晉人之罪也。晉以魯黨衛，故獨召公也。

晉人執衛甯喜 二十有六年

甯喜可執也，而以孫氏故執之，何以服衛乎？故書人以貶。

八月壬午，許男甯卒于楚。冬，楚子、蔡侯、陳侯伐鄭。葬许灵公 二十有六年

左氏：「許靈公如楚，請伐鄭，曰：『師不興，孤不歸矣！』八月卒于楚。楚子曰：『不伐鄭，何以求諸侯？』冬十月，楚子伐鄭。十二月乙酉，入南里，墮其城，涉于樂氏，門於師之梁。縣門發，獲九人焉。涉于氾而歸，而後葬許靈公。」按十七年鄭與晉、魯、宋、衛伐許，二十四年楚率陳、蔡、許伐鄭，此外未聞鄭、許爭也。許男何仇於鄭，而請楚伐之，誓不出師不歸耶？鄭自蕭魚

之會，服晉久矣，至是晉伯衰而楚復强，伐鄭以求諸侯，非從許請也。至外諸侯書葬，魯往會葬也，不會葬則不書矣。諸侯五月而葬，禮也，何所見而謂待楚伐鄭而後葬靈公耶？

冬，楚子、蔡侯、陳侯伐鄭　二十有六年

蕭魚而後，楚三伐鄭，與晉争伯也。

衛殺其大夫甯喜　二十有七年

甯喜可殺也，前書喜弑君矣，然衛之殺喜不以其弑也。且喜之弑剽，衛侯使之也。故經稱國以殺，而不去其官。

衛侯之弟鱄出奔晉　二十有七年

衛剽，篡賊也，衛人之所共惡也。申包胥尚能存楚，況鱄以介弟從君於外，賢聲著於列國，苟能輔其兄以發奮自强，何患不復哉？衛獻淹恤於外十有二載矣，天意改而人心悔，惡逆如甯殖，且屬其子以復君，臣民之意可知已。且自八年入于夷儀，已儼然居衛而爲衛君，特未復於國都耳。此時痛切呼號，請之天王、伯主，下令國中，諭以大義，開誠布信，除賊剽、林父不赦外，俱

相見如初。吾知衛之臣民必且涕泣以迎我舊君，賊剽方逃死之不暇，敢據國以抗哉？計不出此，而聽命於從逆之甯喜，獨不思喜復衎，何以處剽？是導喜弑剽亂，然穀梁以爲與謀弑君，則又大不然。剽非鱄之君，鱄仇也，經書衛侯弟鱄，正以鱄不能除剽而假手於甯喜也。至以失信於喜而出奔，宜也。約人復君而殺之，己享其利，稍知理義者不爲也。王樵曰：「『信近於義，言可復也。』以此責鱄，鱄無詞已。又謂不忍失信於喜，何獨忍離其兄？」此亦未爲確論，但至不向國而坐，則已甚耳。

豹及諸侯之大夫盟于宋 二十有七年

晉、楚成，諸侯交相見，爲彌兵計也，趙武、屈建、向戌爲之也。然自是南北有二伯矣。伯可二乎？二則外飾邦交而中懷疑忌。諸侯不能事兩大，乃視强弱爲去就，必然之勢也。厥後晉日替，楚日張，至昭四年大會于申，楚遂專伯矣。

齊慶封來奔 二十有八年

盧蒲癸、王何何人也？殺慶舍，戮崔子，而逐慶封，豈非春秋僅事哉？彼何知大義，而能誅國賊，復君仇，亦足愧伯主、鄰國之受賂而成亂賊者。魯納慶封，幾不知人間有羞恥事已。

公在楚 二十有九年

公外爲强楚所辱而不得歸，内爲權臣所逼而不敢入。經于春王正月特書曰「公在楚」，爲楚儆也。在楚者公，魯之君也，爲三家戒也。公在楚，魯非無君也。

晉侯使士鞅來聘 二十有九年

士鞅來聘，拜城杞也。諸侯城杞而晉拜使，其爲私而非公可知矣。杞子來盟，要歸田也，其爲挾晉强我可知矣。據事直書，而晉平之失著矣。杞稱子，小國謙卑自削，史官據所告而書也。

齊高止出奔北燕 二十有九年

左氏：「齊公孫蠆、公孫竈放其大夫高止于北燕。乙未，出。書出奔，罪高止也。高止好以事自爲功且專，故難及之。」許氏曰：「臣放其大夫，是無君也，不可以爲訓，故以出奔書。」

楚子使薳罷來聘 三十年

通嗣君也。張氏洽曰：「魯以君行，而楚以大夫聘，此齊桓、晉文所以行乎列國者。故自宋之盟，楚人行伯主之禮，非晉平、趙武之責而何哉！」

葬蔡景公 三十年

春秋之法，君弑，賊不討，則不葬，明討賊之不容緩也。送死莫大于葬，至期一日不葬，子臣之心一日不安，而停柩殯宫以待逆賊之授首，討賊顧不重且亟乎！或疑賊不可得而討，將終不葬乎？曰：不得已而姑葬，不書不告。告亦不會，示討賊之終不容已。未討而葬，葬猶不葬也。彼弑君代立如宋文、楚穆者，自必如期而葬，而卒不敢告於鄰國。即告，亦無有往而會葬者。隱公之葬，史官不書，桓公亦不過問，蓋前此人心猶未盡泯。至襄、昭以來，蔡般、許止子弑其父，公然葬而告，告而會，聖人據事直書，蓋重傷世變之日下，而天理良心滅絶幾盡也。

晉人、齊人、宋人、衛人、鄭人、曹人、莒人、邾人、滕人、薛人、杞人、小邾人會于澶淵，宋災故 三十年

合十二國而謀宋災，感伯姬之死也。詩曰：「民之秉彝，好是懿德。」其此之謂歟！篡逆者節義之反也，未有好善而不惡惡者。恤伯姬而不討蔡賊，何其明於此而闇於彼乎？弗思已耳。春秋明會，故而人列國卿大夫，所以示人自求其本心以擴充其發見之端者，用意良深矣。

莒人弑其君密州 三十有一年

弑稱人，衆也，天理人心徧國人而滅絶之矣。聖人筆削至此，不禁長痛哭也。然君爲國人所弑，君之爲君，亦可見矣。

春秋鈔卷之九

昭公

叔孫豹會晉趙武、楚公子圍、齊國弱、宋向戌、衛齊惡、陳公子招、蔡公孫歸生、鄭罕虎、許人、曹人于虢 元年

汪氏克寬曰：「宋、虢之盟，楚再先晉，而春秋不以楚先者，猶黄池之會，吴主會，而春秋以晉居吴之上也。辰陵、蜀之盟，申之會，楚序諸侯之上，皆主會盟也。盂之會，楚後宋而先諸侯，與宋、虢兩役同，皆兩伯之辭也。」按虢之會，尋宋盟也。齊人不與宋盟，而盟于虢，畏楚也。謂此會楚爲主可也，先晉後楚之義，汪氏得之。文定尚信之説，殆非經旨。

取鄆 元年

凡取國邑者，皆伐而取之。魯乘莒亂而取鄆、取鄫，猶盜賊乘人危迫而竊取其物也，故不言伐，而直曰取。

秋，莒去疾自齊入于莒。莒展輿出奔吴 元年

經書莒去疾入于莒，是以討賊予去疾也。又書莒展輿出奔吴，是以展輿爲弑君之賊也。然則何不書展輿弑君？程子曰：「展輿非親弑，故歸于國人。」按不親弑而直坐以弑君，必如趙盾而後乃俯首無辭。若展輿者，既立爲君，而不能討賊，以是爲與弑焉耳。一入一出，均以國繫者，去疾無莒而有莒，展輿有莒而無莒也。文公八年「莒弑其君庶其」，左氏傳與此同，蓋記述之誤也。

楚子麇卒 元年

春秋之作，誅亂賊也。若弑父與君而隱之，是助亂賊矣。魯弑不書，諱也。然必隱寓其義而别著其文，況他國乎？鄭伯髡頑卒于鄵，公羊謂諸侯卒于境内不地，此何以地？隱也；何以隱？弑也。夫于鄵云者，言未至鄬也。會盟而卒于道路，常事也，於鄭伯何疑乎？至楚令尹虔無君久矣，君卒而自立，謂之亂賊，信也。然以爲縊王而弑之，則無據矣。弑君何事，而可以臆斷乎？文定謂爲會申之諸侯諱，高氏存之駁之是已。然謂據僞赴而書，則亦不然。凡弑君自立者，大抵皆以卒告。若但據告而書，則春秋書弑君者僅矣。

晋侯使韓起來聘 二年

宣子爲政而親聘，蓋晋伯已衰，崇尚謙卑以結好也。

公如晋，至河乃復。季孫宿如晋 二年

左氏：「晋少姜卒，公如晋，及河。士文伯來辭，曰：『非伉儷也，請君無辱。』乃還。」胡文定以不能據經守正，又不能從權適變，爲昭公咎。大意謂違禮而往，得終事焉，猶可言也。辭而復，是失禮於往弔，又取辱於不得弔也。夫既知其非義，斯速改耳。因而成之，又從爲之辭，是遂過也。況晋以非伉儷辭，公聞此言，方羞愧之不暇，而又飾情强詞以求必達，是以匍匐稽首於少姜之喪爲榮也。靦然無恥，孰大於是！又謂引陳無宇之獲罪，以證少姜之爲適，則晋人謝過矣。夫欲掩己一時之辱，而成人之嬖妾爲適，是失己并失人矣。且君喪，大夫弔；夫人喪，士弔。即使少姜爲小君，亦未聞國君有往弔小君之禮也。春秋書公如晋，譏公之違禮妄動也。曰至河乃復，幸公之過而能改也，與他處書不至而復者不同。

北燕伯款出奔齊 三年

責燕伯也，大夫之罪不待言矣。

夏，楚子、蔡侯、陳侯、鄭伯、許男、徐子、滕子、頓子、胡子、沈子、小邾子、宋世子佐、淮夷會于申 四年

申之會，以爵書者，明其爲諸侯也，蓋自是諸侯與淮夷比肩而事楚矣。

楚子、蔡侯、陳侯、許男、頓子、胡子、沈子、淮夷伐吴，執齊慶封，殺之。遂滅賴 四年

申之會，謀伐吴也。經於會申之下，書楚人執徐子。諸侯之在會者衆矣，獨稱楚人者，楚靈之惡甚於楚成。盂之會，楚執宋公而分過於諸侯，此則獨罪楚人，於諸侯無與也。楚靈之暴虐，非諸侯所得争也。伐吴之下，書執齊慶封而殺之，不言楚子者，不予楚殺慶封也。慶封可殺，殺之者伐吴之諸侯也。然則下書遂滅賴，何以不稱楚人？曰：遂者，繼事之詞也。申之會謀吴，未嘗謀賴也。伐吴而殺慶封，諸侯之事畢矣。乃復從楚滅賴，諸侯安得不分咎乎？

九月，取鄫 四年

莒滅鄫而縣之。魯之取，取莒邑也。

舍中軍 五年

魯大國，本三軍，後改爲二軍，皆公屬也。三家以復古制爲名，作三軍，三家各有其一，季氏

盡征之。叔孫臣其子弟，以父兄之税入公，孟氏於子弟之中取半，以三分屬公，十二分其國民，三家得七，公得五耳。至是又舍中軍，毁三爲二，季氏取其一，其一分屬叔仲。季氏之意，欲先弱公室，既乃蠶食二家，而後篡逆之謀遂矣。

公至自晉 五年

左氏：「莒人愬于晉，晉侯欲止公。范獻子不可，乃歸公。」按昭公如晉，凡七見，止者一，及河而不至者五。惟此年得善往來，然微范獻子言，幾不免於辱矣。書至，危之也。

楚子、蔡侯、陳侯、許男、頓子、沈子、徐人、越人伐吴 五年

楚帥諸侯伐吴，報棘櫟麻之役也，故稱爵而無詞。越稱人，取文順也。

季孫宿如晉 六年

卓氏曰：「謝歸公，且偵晉也。」高氏曰：「莒既伐魯，則魯有辭，是以晉受季孫之聘而不見討。」

楚薳罷帥師伐吴 六年

左氏：「楚使薳洩伐徐，吴人救之。令尹子蕩帥師伐吴，敗于房鍾。子蕩歸罪于薳洩而殺之。」果爾，是敗楚師者非薳洩，薳洩之死冤也。春秋乃書薳罷伐吴，又不書楚殺大夫薳洩，是使後世不知薳洩之死，非其罪也，何以爲戒乎？以是知左傳之不足信也。

暨齊平 七年

暨，猶及也，有先後首從之義。惟以魯對列國言，則先内後外之例也。胡傳以暨爲不得已而勉强，而於定公十年辰暨仲佗、石彄奔陳，則以暨於人者爲不得已，於此則以暨人者爲不得已，詞同而取義不一，未可爲定論。

公如楚 七年

汪氏克寬曰：「公屢朝於晉，不納。又迫於强令而朝楚，其卑辱亦甚矣。」

叔孫舍如齊涖盟 七年

杜氏曰：「公將遠適楚，故叔孫如齊尋舊好。」

陳侯之弟招殺陳世子偃師 八年

哀公雖寵留，非有殺偃師之志，故偃師死，哀公恚而自縊。書曰陳侯之弟，著招之恃寵稔惡也。後書公子出奔，已立猶稱公子者，别嫡庶也，亦以著招殺世子之罪也。招殺公子過以卸己罪，稱國以殺者，不與公子招殺也。過不去大夫公子者，著招之爲首惡也。

楚師滅陳，執陳公子招，放之于越。殺陳孔奂 八年

陳之亂，由招、過殺世子偃師。楚以討賊爲名，滅陳而縣之。然後放招、殺奂，與前此殺夏徵舒異矣。下書葬陳哀公，如未失國者。然明年書陳災，書叔弓會楚子于陳，凡以存陳也，不予楚滅陳也。

齊欒施來奔 十年

蘇氏轍曰：「齊欒施、高彊皆嗜酒，而惡陳氏、鮑氏。陳、鮑及其醉而攻之，不勝，遂來奔。高彊不書，非卿也。」按陳、鮑以欒施惡己而逐之，猶之三家之逐公子憖也。施亦有可逐之罪，故不書官。

季孫意如、叔弓、仲孫貜帥師伐莒 十年

魯，莒與國也。莒亂而魯不能爲之討賊定難，乃乘隙而疆鄆田，取牟防。既敗莒師于蚡泉，又三家並將掃境興師以伐之，取郠，獻俘，用人于社，三家之惡甚矣。家氏鉉翁曰：「叔弓非叔孫氏，乃臨事所置之帥。」陳氏傅良曰：「叔弓序於仲孫之上，蓋意如之貳也。」此與胡傳異，並存以備參考。

楚子虔誘蔡侯般，殺之于申 十有一年

高氏閌曰：「蔡般弑逆之罪，雖義當討，而楚子亦弑逆之賊也。以賊討賊，何辨曲直？況楚子非真治般，志在滅蔡也。故春秋書楚子虔、蔡侯般，同斥其名，以見其罪同。」按楚虔弑君，雖不見於經，而蓄謀竊國，君卒自立，與弑逆無異。高氏此論最當。

仲孫貜會邾子盟于祲祥 十有一年

大蒐、會盟於小君薨之月，孰謂昭公知禮乎？

季孫意如會晉韓起、齊國弱、宋華亥、衛北宮佗、鄭罕虎、曹人、杞人于厥憖 十有一年

胡傳謂力不能加故不貶，非也。楚靈非强君，所屬小國亦多叛者。使晉率諸大夫直趨楚

師，責之以大義，未必不服。即不服，而以八國之衆鬬楚孤軍，何患不勝？乃逡巡不前，坐視蔡之滅亡，由晉與諸侯無救難恤災之實心也。扈與澶淵貶，而厥憖不貶者，弑逆之罪甚於滅國也。然直書，而罪自著矣。

楚師滅蔡，執蔡世子有以歸，用之 十有一年

已立爲君而稱世子，罪有之不能死社稷也。用者，役使之謂，猶後世執蓋行酒之類也。春秋書執而用之者二：邾人執鄫子用之，楚執有以歸用之。左氏於鄫子曰用于次睢之社，於蔡有曰用于岡山。杜注云：「殺而用祭也。」果爾，則史必據事直書，聖人又何取乎諱之而曰用也？公、穀俱云叩鼻血社，亦未見其確然也。

齊高偃帥師納北燕伯于陽 十有二年

前此齊伐燕，納燕伯而不果，至是納于陽。陽，燕邑也。不納于國都而納于邑，燕弗受也，豈齊之力不能得之於燕哉？齊以燕伯爲市也，前之不果納者，受賂而退也，故書伐而不言納。

公如晉，至河乃復 十有二年

左氏：「鄆之役，莒人愬于晉，晉有平公之喪，未之治也，故辭公。公子憖遂如晉。」

楚殺其大夫成熊 十有二年

左氏：「楚子謂成虎若敖之餘也，遂殺之。或譖成虎于楚子，成虎知之而不能行。書曰楚殺其大夫成虎，懷寵也。」按：以讒殺，故不去官。

公子憖出奔齊 十有二年

憖之出，三家逐之也，憖奔而公益孤矣。高氏曰：「季氏之臣南蒯將去季氏而立憖，不克而叛。憖遂奔齊。君子譏其妄而哀其志。」

楚公子棄疾殺公子比 十有三年

棄疾實弒楚虔而歸獄於比者，比立爲君也，比立爲君而棄疾殺之。不言棄疾弒君者，比雖立爲君，實未嘗爲君也。書曰公子比弒君，此棄疾之志也。比未嘗爲君，而棄疾假以君之名，既居其名矣，欲辭弒君之戮可得乎？曰：棄疾殺公子比，此非棄疾之志也。彼以比爲楚賊，國人偪而殺之，於己無與也。此聖人所以重惡其譎而正其殺比之罪也。然則何不曰棄疾弒其君？曰：以殺比爲弒君，反無以見虔之弒實由棄疾也。然則何不以弒虔之罪歸棄疾？曰：比實不能無罪，公羊律以效死不立信讞也。高氏閌曰：「若使人受其名而己享其利，則後世姦人有藉口以濟其私者，莫不皆寘力焉。故聖人正比之弑君，以絶後世姦人之禍也。」

甲戌，同盟于平丘 十有三年

凡言同盟，皆同欲也。而此微有異，諸侯盟王臣，不當同而同也；齊不願盟而脅之盟，不同而强同也。晉以諸侯有貳心，乃爲此會，陳兵以示諸侯，不知衆志之不可威脅也。胡傳論之詳矣。

公不與盟 十有三年

平丘之會，昭公見辭，書曰「公不與盟」，一似乎公之鄙此盟而不屑與者，重貶晉侯也。何貶乎爾？文定所謂「五不韙」是也。

冬，莒殺其公子意恢 十有四年

稱公子，賢意恢也。何賢乎意恢？蒲餘侯逐，郊公立庚輿，意恢不死，郊公不可得而逐也。家氏云：「受託孤之寄，而不能事其事，故不書死難，而書見殺。」

許世子止弑其君買 十有九年

君飲藥，臣先嘗；父飲藥，子先嘗。蓋藥由醫手，必嘗之無害而後敢以進也。左傳：「悼公瘧，飲世子止之藥而卒。」曰世子之藥，明其爲世子所自進，不由醫也。世子不擇醫而自進藥，又不親嘗，律以弑君之罪，夫復何辭？或云藥之殺人，有故有誤，許世子之進藥，誤也，非故也。穀梁云：「世子自以爲與乎弑，而不立乎其位，哭泣，歠飦粥，未逾年而卒。」以是知世子之藥誤而非故也。然臣子之於君父不可以誤言，誤猶故也。若以誤而從末滅，將有以故爲誤者，何以示懲耶？況世子自進藥而不親嘗，即使悼公不死，許止忽視君父之罪，已不勝誅，況悼公以飲藥而卒乎？或云：左氏稱公卒，世子奔晉，是世子有心弑君也。曰：誤猶故也，何必定以爲有心？知無心之過誤與有心者等。斯君臣父子之義明，而亂賊知懼矣。

齊高發帥師伐莒 十有九年

伐徐、伐莒，圖伯也。

夏，曹公孫會自鄸出奔宋 二十年

春秋臣子出奔，有據邑以叛者矣，有以其邑臣於鄰國者矣，公孫會無是也。無是而書自鄸者，待放也；書公孫，賢之也。待放而賢之，何也？傳不言出奔之故，意當日必有以效忠直諫而得罪者矣。

盜殺衛侯之兄縶 二十年

殺公孟者齊豹也，曰盜殺者，惡之至也。帷門伏甲，寘戈于車薪，無異禦人於國門也。胡子拘釋例以微賤者爲盜，因而歸獄於宗魯，宗魯所謂惡得無罪者也。舍齊豹而盜宗魯，未爲通論矣。左傳：琴張將弔宗魯，仲尼曰：「齊豹之盜，孟縶之賊，汝何弔焉？」胡傳謂齊豹所養之盜，孟縶見殺之賊。即如所言，亦當以豹爲盜首也。

宋華亥、向寧、華定自陳入于宋南里以叛 二十有一年

華、向出奔陳，既自陳入宋南里，又自宋南里奔楚。攻之不可，舍之不可，驅之去不可，禁其往又不可，叛臣之惡未有甚於此者矣。南里稱宋者，非諸奸食邑也。胡傳最得經旨。

公如晉，至河乃復 二十有一年

頻朝晉，自卑甚矣，不內宜也。

劉子、單子以王猛居于皇 二十有二年

春秋於提挈資藉，多言以美惡，視乎其事也。一則曰以王猛，再則曰以王猛，二子之功巨矣。晉爲方伯，且密邇京師，天王以四月崩，六月王室亂，劉、單告急于晉，迄秋乃遣籍談、荀躒帥師納王。書稱劉子、單子以王猛入于王城，不言晉籍談帥師納王，明晉侯之怠於勤王也。王猛卒而敬王立，立敬王者，亦二子也。晉以二軍攻王子朝于郊，書曰晉人圍郊，貶也。胡氏曰：「天子蒙塵，晉爲方伯，不奔問官守、省視器具，徐遣大夫往焉，勤王尊主之義若是乎？」圍郊無功而師還，於是敬王辟居狄泉，而朝入王城矣。立朝者尹氏也，尹氏世爲卿士，執國之柄，又佐之以毛伯、召伯，其勢非劉、單二子所能敵也。乃二子出萬死以衛王室，取牆人、直人，取訾、伐尹，敗于唐，敗于鄩，艱難百戰，幾瀕於覆亡，而晉與諸侯未聞遣一旅以相助。至二十五年，九國大夫始會于黄父，期以明年納王。嗚呼！如知其爲義，斯速往矣，何待來年哉？是年王入成周，朝奔楚，其亦劉子、單子之力歟？猛立未逾年，生稱王而繫以名，卒稱子，在喪之常例也。不可以言崩，又不可書薨，故質言之而曰卒。敬王初立，即稱天王，不可曠年無主也，且明正也。朝稱王子，明其恃寵而篡也。

蔡侯東國卒于楚 二十有三年

楚靈殺蔡般，又執子有用之，酷虐極矣。棄疾立而歸有之子廬于蔡，爲自安計也，豈真欲存蔡哉？廬卒，子朱立，朱不能君而奔楚，國人立東國。東國朝楚，不歸而卒。嗚呼！楚之鼎鑊蔡人久矣。明知其爲鼎鑊，而接踵而投，可憫哉！蔡人之愚也。至不共戴天之大義，如朱、如東國者，烏足以語此！

莒子庚輿來奔 二十有三年

莒子去疾卒，子郊公立，國人不順，公子意恢受託孤之寄者也。公子鐸因蒲餘侯殺意恢，遂逐郊公而立庚輿。庚輿，去疾弟也。至是庚輿又奔，公子意恢之徒逐之也。莒自密州弑後，禍亂接踵，幾無寧日。齊、魯與莒爲鄰，不能討罪定亂，而頻肆侵伐，因以爲利，由世無伯主故也。伯之所關亦大矣！

春，叔孫舍如宋 二十有五年

舍如宋，聘也，傳以爲逆季氏婦。豈有賢如舍，肯爲權臣逆婦者乎？

公孫于齊，次于陽州　二十有五年

自昔諸侯失國而奔者不少矣，從未有播越八載，徒擁君國之名，竟無復國之日如魯昭公者。昭公之孫于齊，欲假齊力以復國也。齊侯唁公于野井，意良厚矣，而卒不納公者，何也？凡唁人者，目覩危亡而莫能救，無可如何，聊相慰藉以示愛惜云耳。以齊之强而近魯，誅季氏，復昭公，朝夕事耳，而曰「請致千社以待君命」。齊侯之意若謂：君不能發奮自强，則愛莫能助也。蓋蚤窺公之無能爲矣。或曰：昭公之不復，雖曰人事，亦有天意存焉。魯臣之賢而能，爲季孫素所忌憚者，叔孫舍也。觀其使晉，引義慷慨，强而有禮，雖韓宣、范獻之擅權作威，莫能屈也。昭公之奔，平子見舍，稽顙流涕，面斥數語，嚴切婉至，意如爲之悚惕。噫！賢能如叔孫舍者，使天假之年，則甯武之濟君，申包胥之存楚，爲之裕如矣。當時列國無盟主，在在權臣用事，諸侯因循觀望，無能爲公計者。而宋元公倡義討叛，如晉請師，此昭公生死骨肉之會也。詎宋公卒于曲棘，昭子亦無疾而死，胡天不弔亦至此耶！董子曰：「天人相與之際，微矣哉！」昭公不能君，而流離播越，未必非天心之仁愛，冀其困辱而動心忍性也。乃昭公昏迷不反，洩洩如故，從亡忠直之臣止一子家駒，而不能用，其餘皆艾殺其民，視如土芥，以致居鄆而鄆潰，伐成而成不服。比季孫從知伯如乾侯，知伯以晉侯之命唁公，曰：「意如不敢逃死，君其入也。」子家勸公忍慚以歸，又脅於從者而不能斷。是公之不復，非天之絶公，公自絶於天也。春秋歷叙昭公出奔始末，曰次于陽州，齊地也，齊侯唁公于野井，公自陽州往會齊侯，求納也。卒昭子卒，宋公傷公之孤而無與也。齊侯取鄆，鄆，魯邑也，魯邑而齊取之，齊取之而公居之，居鄆猶居齊也。成、闞，俱魯邑，公自圍之取之，志變也。兩如齊，仍居于鄆，齊不納公也。書至，志公所在也。於是公舍齊而愬晉矣。兩適晉而不得入，仍居于鄆，鄆潰而寓公乾侯矣。自是正月必書公在乾侯。乾侯，晉地也，而公在焉，公無魯矣。公，魯君也，而在乾侯，魯猶有公也，而公竟薨于乾侯矣。聖人備書始末，以爲人君不能自强者戒，而季孫之罪不容誅不待言矣。

冬十月戊辰，叔孫舍卒 二十有五年

或云叔孫舍之死，畏季氏也。舍如晉，幾瀕於死，舍無畏焉，何有於季氏！

楚殺其大夫郤宛 二十有七年

費無極譖郤宛於令尹子常，子常攻而殺之。稱國以殺，而不去其官，罪累上也。

晉士鞅、宋樂祁犂、衛北宫喜、曹人、邾人、滕人會于扈 二十有七年

會于扈，令戍周且謀納公也。納公雖不果，而戍周之令行，故列序諸國大夫而嘉之。

仲孫何忌會晉韓不信、齊高張、宋仲幾、衛世叔申、鄭國參、曹人、莒人、薛人、杞人、小邾人城成周 三十有二年

城成周，時王暫居成周也。十一國同城王城，猶知有王也，故書而予之。

春秋鈔卷之十

定公

春王三月 元年

定無正月，穀梁謂昭不正其終，定不正其始，非也。假若正月有大事，亦將不書乎？元年雖無事必書，正月者，正爲一歲之首月，元年之正又爲一君之首月也。定之元年正月，定未立也，又無事可書，是以不書也。昭薨於十二月，定即位於六月，季氏緩於立君之罪，於不書正月著之矣。至隱公，自元年以後不書正月，無事可書也，世遠事簡也。其二、五、六、八、九、十一年俱書，時義不繫乎月，故不書月，未必非正月也。

三月，晉人執宋仲幾于京師 元年

仲幾，宋大夫也，諸侯之臣即天子之臣，晉人烏得而執之，而況執于京師乎？曰晉人，貶晉也。仲幾不書官，仲幾亦有罪也。

立煬宮 元年

左傳：「昭公出，季平子禱于煬公，至是立煬宮。」萬氏孝恭曰：「魯君弟繼兄自煬公始，季氏舍昭公子而立定公，故立煬宮，使人知周盛世魯之祖宗已有兄終而弟及者也。」按二説相因。蓋昭公之出，季氏不禱於他廟而禱於煬公，早懷廢昭立定之意矣。至是得遂其欲，故爲煬公立宫而永祀焉。國中大事無過於祀典，昭公之薨越八年而後從祀，煬公毁廟十餘世，復爲立宫。季氏之顛倒繆亂若此，是誠何心哉！

楚人伐吴 二年

報雞父之役，而兆柏舉之敗。

新作雉門及兩觀 二年

公羊曰：「其言新作者何？修大也。」高氏閌曰：「言作者，改舊制而增大之也。」胡傳曰：「書新作者，譏僭制而不能革也。」李氏廉曰：「既災而復，爲其制度無損，故曰不能革也。」按言新則有舊矣，新作者，舊有而今毁，重新造作也。延廄言新不言作，舊者猶存，因而葺之也。論語：「魯人爲長府，閔子曰：『何必改作？』」改作者，增大於舊制也。雉門、兩觀災而更作，據事直書而不能革僭之意見矣。曰雉門及兩觀者，劉原父云：「若不言及，則似雉門之兩觀災，雉門乃無恙也。既災之後，魯人修舊，理當先門，順其序而書之也。」

冬，仲孫何忌及邾子盟于拔 三年

大夫盟諸侯，魯輕邾也。邾子喪未逾年而出會盟，忘哀也。

公會劉子、晉侯、宋公、蔡侯、衛侯、陳子、鄭伯、許男、曹伯、莒子、邾子、頓子、胡子、滕子、薛伯、杞伯、小邾子、齊國夏于召陵，侵楚 四年

晉侯爲蔡請師於王，王命十八國諸侯伐楚，使上公臨之，兵威之盛，前此所未有也。然不能聲罪以討，雖合十八國之師，卒無成功。書曰侵，陋之也，貶晉人也，劉子與諸侯亦與有責焉。劉子以王朝元老，奉命臨師，軍行進止惟劉子主之。向使晉人倡爲退師之説，劉子執義而責之，下令軍中長驅直進，有言退者執以徇。諸侯積怨於楚久矣，聞王臣命，莫不踊躍奮興，爭先恐後，軍聲壯而士氣憤，不惟楚人聞而落膽，且使諸侯知天討有罪，非臣子所得而違，而三綱亦於是大振矣。即不然，而十七國中有一執言於盟主之前者，明告以大師既動，不可復返，其或逡巡不前，諸侯相率而攻之。晉人雖欲違衆而退，可得乎？乃諸侯惟晉命是凜，而劉子亦無如之

何。讀經至此，未嘗不歎王綱之不可復振，而傷東諸侯之無能爲也。至蔡侯怨楚刺骨，誓漢沈玉，痛哭請師，已奉王命，合十八國之諸侯，而爲晉人索賂而止。向之積怨楚人者，又轉而怨晉，不得已而乞哀句吴，其情亦可哀矣。

公及諸侯盟于皋鼬 四年

此即侵楚之十八國也。侵楚而楚若弗知也者，此舉亦大無謂矣。皋鼬之盟，復何爲乎？此晉所以失諸侯而不可復合也。再言公及者，會、盟兩地，且以見此盟之無所事事也。

許遷于容城 四年

楚四遷許，皆以自遷爲文，不予楚遷許也。

劉卷卒 四年

杜氏曰：「即劉蚠也。劉子奉命出盟召陵，死則天王爲告同盟，故不具爵。」按天子爲臣赴，其詞略，稱名與封而已。然劉子擁立二君，卒安周室，厥功大矣。聖人作春秋，胡不書爵以予之？曰：王朝卿大夫不通諸侯，若書爵，則似劉之臣子以喪告，無以見天王爲之赴也。後書葬劉文公，魯往會葬也。諸侯不葬王朝大夫，魯因王告而往會，禮以義起也。不葬王子虎而葬劉子，重劉子也。劉子稱公，著僭也。李氏廉曰：「周末畿内諸侯卒，皆謚公，聖人因劉文公之葬，特書以志僭。」

歸粟于蔡 五年

吴能自卑聽命於蔡，一戰而荆楚氣喪，蔡人數世不共戴天之仇以復。春秋義戰無過於此。魯從王師合十八國諸侯侵楚，而爲晉人索賂所撓。比吴勝楚，喜而歸粟于蔡，善乎救災恤鄰之道也。先儒乃以吴、楚忿争非爲蔡也，故不書救。又謂魯不救蔡而歸之粟，畏吴也。竊意春秋善善長、惡惡短，不追既往，不逆將來，事可嘉則嘉之已耳。若吹毛求疵，則免於譏議者鮮矣，非聖人與人爲善之道也。況經文明言蔡以吴，吴爲蔡，以謂之自爲而非爲蔡可乎？不言救者，蔡自主師也，魯非不救蔡，力不能也。以歸粟爲畏吴，魯不任咎矣。

公侵鄭 六年

左氏：「公侵鄭，取匡，爲晉討鄭之伐胥靡也。」廬陵李氏曰：「自宣公伐杞之後，魯無君將者八十年。至是侵鄭、侵齊、圍成，皆書公，則三桓既弱之徵也。」按陽虎之徒假强公室之名，奪三桓之柄，雖擅執國命，而征伐大權已歸於公。使定公能發奮自强，請之天王，下令國中討季氏逐君之罪，此時國人之黨於季氏者，亦皆哀昭公之客死而懷二心，季氏孤而無與，欲逃死可得乎？季氏戮，而後正陽虎之徒之罪而逐之，權奸屏而國勢張，風聲所樹，晉、齊擅權之臣亦莫不聞而股慄，各歸政於其君。列國諸侯曉然於名義之不可犯，大權之不可干，禮樂征伐自天子出，而諸侯各修其職事以聽命，成周之盛復見於春秋矣。且人才莫盛於魯七十子之徒，大抵多魯産，苟能尊聖人以爲師，而群賢拔茅彙征，布列在位，唐虞之治何以加？兹有可爲之機，值可爲之時，而卒不能有爲，魯之不振，周之不興，定公之咎也歟！

夏，季孫斯、仲孫何忌如晉　六年

左氏：「季桓子如晉，獻鄭俘也。陽虎强使孟懿子往報夫人之幣，晉人兼享之。」高氏閌曰：「一卿將命，可兼他事，豈可每事一卿乎？故累數之，見二卿爲陽虎所制也。」

城中城　六年

孟子曰：「鑿斯池也，築斯城也，與民守之，效死而民勿去。」此本末相資之道也。本固足重，末亦未可輕焉。城池所以衛此民，民所守而勿去者，守此城池也，效死者出死力以求生也。

不敢僥倖必生，亦非甘心必死也。效死者民之信，不忍死其民者君之心也。若并城池而無之，則君與民坐以待斃耳，何守之有乎？中城者，國都之城也，宗廟社稷在焉，雖欲不城，可得乎？易曰：「重門擊柝，以待暴客。」非徒爲敵人攻圍計也。穀梁謂凡言城皆譏，未爲通論矣。

齊侯、鄭伯盟于鹹 七年

齊、鄭之盟，謀畔晉也。徵衛不至，衛使行人往謝，齊執行人而侵衛，於是盟于沙而齊與衛合矣。

春王正月，公侵齊。公至自侵齊 八年

齊加兵於我則曰伐，我報伐則書侵，何也？陽虎用事，急遽躁妄，師雖有名，出不以律，故書侵以譏。至夏，齊師臨境，束手無策，公復倉皇越國，逆會晉師。豈惟民鮮休時，亦且君無寧處，陽虎之爲害一至此乎。不言晉救者，齊師已退也。不曰會晉卿而曰會晉師者，所重在師也。

晉士鞅帥師侵鄭，遂侵衛 八年

凡言遂者，繼事之詞也。侵鄭未服，旋復侵衛，晉人之專尚威力如此，亦以見諸侯之畔晉者

接踵而起，晋之伯業於是不可復矣。

季孫斯、仲孫何忌帥師侵衛 八年

晋故也，魯爲晋興師，故書侵。

從祀先公 八年

從猶祔也，先公，昭公也。季氏怨昭公，不爲立廟，至是八年，乃於祖廟祔其主。春秋據事直書，魯君臣之罪惡著矣。胡傳謂書此於盜竊寶玉大弓之前，所以著其事之出於陽虎，非也。

公會齊侯于夾谷 十年

夾谷之會，微孔子相，亦必成禮而退。孔子相，亦不過成禮而已。聖人自動容周旋，以及待人接物，事君治民，一循乎禮，而尺寸不踰。相魯而道不拾遺，男女別塗，亦納民於禮而已。但盛德感人，過化存神，有莫知其然而然者耳。左傳、史記所言退萊兵、却優人，皆俗儒驚異聖人，以爲必有非常之作用，而張皇其詞如此，不知適所以誣聖人也。

齊人來歸鄆、讙、龜陰田　十年

經書齊人歸田者三：宣十年歸我濟西田，請而歸，歸由我也，故曰歸我；哀公八年歸讙及闡，齊人以邾子故，取我讙、闡，邾子往而二邑歸，一若報禮者然，故第曰歸；獨此言來歸者，齊人心悦誠服也，不期其歸而歸也。

樂大心出奔曹　十年

左氏：「宋公使樂大心盟于晉，且逆子梁之尸。辭，僞有疾。乃使向巢子明謂桐門右師曰：『吾猶衰絰，而子擊鐘何也？』右師曰：『喪不在此故也。』既而告人曰：『已衰絰而生子，余何故舍鐘？』子明聞之，怒，言于公曰：『右師將不利戴氏，不肯適晉，將作亂。不然，無疾。』乃逐桐門右師。」按辭盟晉是也，父喪不迎，尚得謂有人心乎？然宋公使盟晉，而兼逆喪，亦非使臣之道也。

齊侯、衛侯、鄭游速會于安甫　十年

七年，齊國夏伐我西鄙。八年，公兩侵齊，齊侯復伐我，晉師來救，公逆會于瓦，於是齊師退矣。晉侵鄭、侵衛，以其盟齊而畔晉也。季孫帥師侵衛，晉命也。然盟于曲濮，會于安甫，厥謀固矣，晉無如之何也。

宋公之弟辰暨仲佗、石彄出奔陳　十年

三書公之弟辰，重惡乎辰也。辰之惡浮於地，仲佗、石彄其黨也。曰暨、曰及，其義一也，辰爲主而二奸附之也。

季孫斯、仲孫何忌帥師墮費　十有二年

史記、家語俱云孔子言於定公，使仲由墮三都。胡傳云：「孔子墮三都，是謂以禮爲國，可以爲之兆也。」黄氏震云：「墮三都固子路之謀，三都果墮，亦孔子之願。不幸事不竟，世因以責子路，譏定公，力言非孔子之心，皆以成敗論也。」按禮嚴上下之分，三家僭上之事多矣，而都城之踰制，則狡兔之窟穴也。自陪臣竊命，據邑以叛，自固者適以自危，於是仲由乘機建墮都之議。三家既感聖人之德化，又迫欲除家臣之禍，是以踊躍從事。而措置未善，以致公山不狃拒命犯公，公斂處父復以保障之説惑孟氏，而成竟不墮。仲孫、季孫亦悔而中變，故圍成之役，公自將而大夫不與。此孔子不用而去魯之機也。向使魯君臣信任孔子，凡公室私家之事一以聽命，則三都不待兵革而自墮矣。何至費人襲魯，又何至公自圍成而不克耶！故謂墮都非孔子之

所欲者，非也；謂孔子使仲由墮都者，亦非也。

公會齊侯盟于黄 十有二年

叔孫如齊，又涖鄭盟，公復會齊侯于黄。齊、魯、鄭平，而晉益孤矣。

春，齊侯、衛侯次于垂葭 十有三年

次垂葭，與次五氏同。蓋將伐晉而逡巡不前，伯國之餘威尚在也。不書伐，重絶晉也。

衛公孟彄帥師伐曹 十有三年

衛屢伐曹，而諸侯莫之救，無盟主故也。厥後宋圍曹，鄭救之不勝，而曹滅矣。無盟主而諸侯自相救，勝不勝未可知也。此所以坐視危亡而莫之恤也。王迹熄而大國伯，伯業衰而小國無依矣，可慨也夫！

晉趙鞅入于晉陽以叛 十有三年

陸氏淳曰：「書曰叛者，人臣不當專土以叛也。」陳氏傳良曰：「春秋之季，家有藏甲，都邑

皆百雉之城矣。鞅必奔晉陽，寅、吉射必奔朝歌，是皆叛也。」按凡言叛者，據邑以叛也。叛，分也，據也，披君之土地而據之以抗君也。不然，則雖趙鞅之還衛，貢五百家，殺午而圍邯鄲；荀寅、士吉射之不請於君而擅伐，趙鞅止謂之逆，謂之亂，不謂之叛。

春，衛公叔戌來奔。衛趙陽出奔宋 十有四年

公叔戌不畏長舌之讒，欲去南子之黨，可謂忠矣。胡傳以書奔爲兼譏公叔戌，非也。戌以多財府怨，固非保身之道。然其逐也，以南子之讒，縱終窶且貧，其能免乎？

二月辛巳，楚公子結、陳公孫佗人帥師滅頓，以頓子牂歸 十有四年

書以歸，又書名者，責其不死位，又無興復之志也。

於越敗吴于檇李。吴子光卒 十有四年

越入吴，吴以告，書；吴入越，越不以告，故不書。胡傳謂吴子復父讎，聖人以爲常事而削之，非也。夫差涕泣發憤，經營三載，一洩其不共戴天之恨，聖人忍没之而不書乎？且以復父讎爲常事，則凡討賊定亂，存亡繼絶，事之合於義而不可不爲者，皆常事也，何爲紛紛載筆乎？

衛世子蒯聵出奔宋 十有四年

靈公不能正其室，以致父子不相保，其爲無道不待言矣。蒯聵負弑母之名，靈公即不加之罪，何面目處國中乎？史官據告直書，聖人因之，父子之惡俱著矣。先儒以不去世子爲專貶靈公，非也。又謂蒯聵輕宗社之付而行，亦非也。劉原父以世子無殺母之事，夫人讒而逐之，亦無證據。

邾子來會公 十有四年

凡會必先期約，今公蒐于蒲而邾來會，非禮也。明年又來朝，邾之卑屈甚矣。

鄭罕達帥師伐宋 十有五年

公子地奔鄭，鄭人伐宋，欲取地以處之。遣上卿師大衆，黨臣逆君，聖人所重惡也。

齊侯、衛侯次于渠蒢 十有五年

會于牽洮，謀救范、中行氏也。次于渠蒢，欲救宋而不果也。助賊臣則踊躍爭先，救鄰難則逡巡不果，此齊景之所以無能爲也。

邾子來奔喪 十有五年

諸侯奔喪，非禮也。邾之事魯，恭而過矣。厥後魯屢伐邾，卒入其國，俘其君。三家之惡甚矣，亦邾人忍辱不能自强之所致也。

丁巳，葬我君定公，雨，不克葬 十有五年

左氏：「雨，不克襄事，禮也。」穀梁：「葬既有日，不爲雨止禮也。」後儒多從穀梁。竊意送終莫大于葬，若大雨滂沱，天黑塗泥，凡送葬之臣民、會葬之賓客，以及執事之人皆倉皇草率，不得盡其誠敬，雖有塗車蓑笠，何如待雨止之得從容將事耶？穀梁之説，乃後世堪輿家言，仁人孝子之所不忍言也。

哀公

楚子、陳侯、隨侯、許男圍蔡 元年

左氏：「楚子圍蔡，報柏舉也。蔡侯男女以辨，使疆于江汝之間而還，蔡于是請遷于吴。」按楚子圍蔡，蔡人男女以辨，使疆于江汝之間，則是降之而遷其國也。而春秋止書圍蔡者，王氏方

麓曰：「楚縣陳、入鄭、遷蔡，俱不滿其辭，不使楚盡其惡也。」夫所謂不滿其辭者，爲楚諱，實爲諸侯諱，似也。然楚人誘殺蔡般，執其子有而用之，惡莫惡於是，聖人何以不爲蔡諱也？胡傳謂蔡嘗以吴師入郢，楚至是而報之，春秋書之略者，見蔡宜得報，而楚子復讎之事可恕也。家氏、李氏、王氏俱極駁此説，謂肆惡於楚者吴，不報吴而報蔡，可謂復讎乎？夫楚人非不欲報吴，力不能也，蔡可報則報之耳。今有父兄爲兩人所戹，其首謀者不可得，得黨惡之人而報之，亦所甘心也，而況柏舉之役，蔡實以吴師乎？又謂蔡之讎楚，豈下於入郢？出乎爾者反乎爾，楚於蔡乎何怨？夫以爲無怨，亦人情所難，但報怨之中有息争之道，不爲已甚，斯可耳。楚圍蔡而蔡服，使疆于江汝之間，蔡究未嘗遷也。二年，蔡遷州來，「吴洩庸如蔡納聘，而稍納師，師畢入，衆知之。蔡侯告大夫，殺公子駟以説，哭而遷墓」，是刦之使遷，欲不遷不可得也。若楚人雖有疆于江汝之説，而師徒即還，未嘗迫之使遷，蔡終不遷，楚亦無辭也。故春秋但書圍蔡，而楚與諸侯皆稱爵。

秋，齊侯、衛侯伐晉 元年

左氏：「齊侯、衛侯會于乾侯，救范氏也。」按伐盟主非細故也，況黨亂臣乎？略鮮虞而没魯，重惡乎齊、衛之首謀也。

秋八月甲戌，晉趙鞅帥師及鄭罕達帥師戰于鐵，鄭師敗績 二年

齊人輸范氏粟，鄭子姚帥師送之，趙鞅納蒯聵于戚，遇鄭師于鐵，戰而敗之。晉、鄭俱稱帥師，勢均力敵也，於是晉與諸小國等矣。戰而言及者，主之者也，罪趙鞅也。

春，齊國夏、衛石曼姑帥師圍戚 三年

圍戚者石曼姑，而以齊國夏爲首，聖人之意微矣。蔡般、楚商臣之弑，舉世非之，而輒之拒父，乃有爲之如齊人者。天下無無父之國，而稱兵黨逆，助子拒父，天理人心滅絶至此，可慨也已。

叔孫州仇、仲孫何忌帥師圍邾 三年

句繹之盟口血未乾，帥師圍其國，虐邾甚矣。

庚戌，盗殺蔡侯申 四年

此所謂盗，釋例所云微者也。夫以人生之尊，而微賤者得而弑之，卿大夫何爲乎？必有與聞乎弑者矣。下書公孫辰奔蔡，又書殺其大夫姓、霍，是三人者其與聞弑乎？然則何不書？

曰：公孫辰弒其君，曰疑似之獄，聖人所不忍斷也。

蔡公孫辰出奔吴 四年

辰，獵之黨也。獵放于吴，故辰出奔吴。書辰出奔，明辰之與弒，責蔡人之逸賊也。

夏，蔡殺其大夫公孫姓、公孫霍 四年

姓、霍不與辰俱奔，其與弒與否未可知也。弒君何事，而可以臆決乎！使蔡人執姓、霍歸之司寇，鞫得實情，自有不可逃之王法。乃不請命而以疑似擅殺之，故稱國以殺，而不去其官。

晉人執戎蠻子赤歸于楚 四年

伯主請命天子，執有罪，請諸侯，歸之京師。京師者，訟獄之所歸也，故曰歸。蠻子爲楚所陵，自拔投晉，以晉、楚力均，或能請於楚而復之也。不然則寓公之，又不然則臣之。縱莫我肯顧，不過拒而不納耳。詎意晉人乃執而歸之于楚，是投晉甚於投楚也。晉人何仇於蠻子？畏楚故也。公羊曰：「辟伯晉而京師楚也。」晉人以楚爲京師，聖人之所重傷也。

夏，齊侯伐宋 五年

宋伐曹，執小邾子，齊人伐之以圖伯也。吴、楚横暴，置若罔聞，而惟宋是求，欲以圖伯，計亦左矣。

晉趙鞅帥師伐衛 五年

衛、鄭黨齊，與晉争伯，故庇范、中行氏。范、中行氏復則晉服齊，而齊伯矣。趙鞅欲去范、中行氏，因納蒯聵，蒯聵居衛則衛德晉，而范、中行無所恃矣。屢書晉、齊、鄭、衛相侵伐，蓋交譏焉。

吴伐陳 六年

吴、楚争陳，交肆侵伐，世無伯主故也。

齊國夏及高張來奔 六年

國、高從居於昏，又不能如荀息以死報先公，偷生遠竄，可恥之甚。書名而去其官，罪之也，陳乞之惡不待言矣。

齊陽生入于齊，齊陳乞弒其君荼 六年

弒荼者陽生也，歸獄於陳乞何也？荼不宜立，荼之立由陳乞也。當其阿順景公之時，早懷廢荼之心矣。立之惟我，廢之亦惟我，天理人心澌滅盡矣。謂之弒君，夫復何辭！然曰陽生歸，陳乞弒其君，陽生之罪亦著矣。繫國於陽生者，起下入齊也。陽生，齊之陽生也，宜有齊也。不曰歸而曰入者，荼以父命立也。陳乞亦繫國者，乞擅齊權，廢立自由也。

宋皇瑗帥師侵鄭 七年

定十五年，罕達敗宋師于老丘。此侵鄭，報老丘之役也。

宋公入曹，以曹伯陽歸 八年

自宋樂大心自曹入蕭以叛，宋人怨曹，屢伐而圍之、入之，至以其君歸而殺之，固由曹之自取，而宋人之惡亦甚矣。左氏以此爲滅曹，胡氏謂經不言滅，猶晉滅虞，但云執虞公也。然有異焉者。虞已亡，惟公在，執之而已矣。此云入曹，云以曹伯陽歸，是曹猶未亡也。

吴伐我 八年

爲邾故也。不言救邾者，家氏云：「吴受盟而退，不責魯以存邾，何救之有？」外書曰某國，

内書曰我，文當如是也。然不言所伐何地，第曰伐我，未盡之詞也，有不忍明言者也。

夏，齊人取讙及闡 八年

公羊：「外取邑不書，此何以書？所以賂齊也。曷爲賂齊？爲以邾婁子益來也。」按魯以邾故畏齊怒，而賂以説之，何不竟歸邾子乎？下書邾子歸，齊人亦歸，二邑是齊之所重者，邾子之歸，意不在二邑也。以此知齊實取之，非我賂之也。然則何以不言伐而直曰取？齊師至二邑，歸命而不敢抗，故不言伐，亦如吴伐我，直造國都，如入無人之境也。魯至是尚可以爲國乎！

宋皇瑗帥師取鄭，師于雍丘 九年

左氏：「鄭武子賸之嬖許瑕求邑，無以與之。請外取，許之，故圍宋雍丘。宋皇瑗圍鄭師，每日遷舍，壘合，鄭師哭。子姚救之，大敗。甲戌，宋取鄭師于雍丘，使有能者無死，以郲張與鄭羅歸。」按雍丘之役，宋人虐鄭甚矣。他日嵒師之取，鄭之報復又加酷焉。哀公之編，列國互相侵伐，幾無寧日，時無伯主故也。春秋於是終矣。

邾子益來奔 十年

魯伐邾屢矣，七年入其國，以邾子益來。微齊、吴之討，邾已滅矣。益復國，而不能自强，至於出奔。且前此躬被囚虐，曾幾何時，又竄身來奔。昏愚無恥至於此極，尚可以爲君乎！

戊戌，齊侯陽生卒 十年

陽生卒也，非弑也。傳謂齊人弑君，以説于吴。果爾，則必陳乞主之，是時齊國之權盡歸陳氏矣。前此陽生弑荼，歸獄於陳乞，豈乞弑陽生而反諱之乎？

衛公孟彄自齊歸于衛 十年

齊納之也。彄本蒯聵黨，歸于衛，叛蒯聵而從輒也。

楚公子結帥師伐陳。吴救陳 十年

吴之救陳，季子所謂力争諸侯，然以救爲名，聖人即樂得而予之。或以吴舉號爲貶，非也。胡傳謂諸侯不能救而吴救之，故舉號以外吴，傷諸侯之不振。其義亦精，然直書而此意自見。若吴、楚稱國，大抵因其來告稱王而削之也。

齊國書帥師伐我 十有一年

此與八年吴伐我同，皆直造國都也。王氏樵曰：「齊師在清，冉有請一子守，二子從公禦諸竟，不可；居封疆之間，不可。一子帥師背城而戰，孟氏始黽勉以右師從。從而又後，戰而先奔。微冉有在左師，魯事敗矣。是時政在季氏，生事啟釁，故二家不肯用力。春秋兩書伐我，所以見魯之益衰，其亦傷之而已。」

陳轅頗出奔鄭　十有一年

左氏：「初，轅頗爲司徒，賦封田以嫁公女，有餘，以爲己大器。國人逐之，故出。」按賦封田，聚斂也；有餘以爲己有，盜臣也。時楚人怨陳背己，屢興伐陳之師。鄭，楚黨也，故頗奔鄭而鄭納之。

齊國書帥師及吴戰于艾陵，齊師敗績，獲齊國書　十有一年

公會吴伐齊，不待智者而知齊力之不敵也。爲齊計，惟有堅城固守以老二國之師，伺其罷而後出，而與戰，雖未必全勝，亦不至大敗。乃國書撓衆論而直前交鋒，以致師覆身没，辱國甚矣。故春秋以國書主戰，深罪國書也。公會吴伐齊，戰不言我師者，貶公也。假吴力以勝齊，吴之勝，公之辱也。

春，用田賦 十有二年

用田賦者，取賦於田也，胡傳備矣。

孟子卒 十有二年

曰孟子，諱同姓也。諱同姓之義，至於稱子，止矣。何以不稱夫人？季孫削之也。春秋仍舊史，所以著季孫之罪也。不書葬，葬不以夫人禮，哀公之咎也。

公會吴于橐皋 十有二年

左氏：「公會吴于橐皋，吴子使太宰嚭請尋盟。公不欲，使子貢對曰：『盟，所以周信也，故心以制之，玉帛以奉之，言以結之，明神以要之。寡君以爲苟有盟焉，弗可改也已。若猶可改，日盟何益？今吾子曰必尋盟，若可尋也，亦可寒也。』乃不尋盟。」按：子貢數語折强吴而却尋盟之請，若是乎賢者之有益於人國也。魯多君子而不用，惜哉！

公會衛侯、宋皇瑗于鄖 十有二年

吴徵會，公會衛侯、宋皇瑗于鄖，卒辭吴盟。會于吴地而辭吴盟，尊之至矣。

鄭罕達帥師取宋師于嵒 十有三年

自定末年，鄭爲宋公子地伐宋，厥後宋屢伐鄭。雍丘之役，盡取鄭師，亦太酷矣。至是向巢帥師圍嵒，爲平元之族奔鄭，鄭爲城嵒故也。鄭救嵒而盡取宋師，鄭之報宋抑又甚焉。

公會晉侯及吴子于黄池 十有三年

不言公會晉侯、吴子者，晉後吴也，又不欲以主盟。予吴，故書及。及者，内外之詞也，聖人之意微矣。吴之伯，魯成之也。六年，叔還會吴于相，七年，公會吴于鄫，所以事吴者勤矣。八年，吴伐我，城下之盟，辱莫甚焉。至齊以邾故取我讙、闡，邾子歸而二邑復，是亦可以已矣。而魯乃會吴伐齊，是含羞於吴，以求洩怨於齊也。十一年，齊復伐我，禍由自取。魯君臣不知悔悟，又會吴以伐之，吴勝齊而諸侯無不服從矣。黄池之會，主盟區夏，魯爲吴驅也。

晉魏曼多帥師侵衛 十有三年

此伯國侵伐之終事也。晉屢伐衛，而衛不服，家氏曰：「晉非力不足以服衛，鞅、曼多志不在諸侯也。」

西狩獲麟 十有四年

左傳叔孫車子獲，公、穀薪采者獲，義無所取，可弗辨也。左、穀文俱略，公羊傳反袂拭面而嘆吾道之窮，亦億度之説也。後儒所言不一，均未見其確然。竊意春秋成而麟至，非因麟至而作春秋，亦非因麟至而絶筆也。麟爲治世之瑞，不待智者而知。春秋撥亂之書也，孟子曰「春秋成而亂賊懼」，是天下一大治也，豈惟一時之天下？億萬年世道人心之正，率由於是，詳麟之應，不亦宜乎？故曰春秋成而麟至。而春秋之所以作、所以成，則不繫乎此也。或曰春秋終哀公十四年，而是年所書僅獲麟一事，蓋東周之願久矣，覩詳麟而有欣喜冀望之意焉。故於編年卒業之後，又特書曰「西狩獲麟」。

附録：四庫全書總目提要

春秋鈔十卷 江西巡撫採進本

國朝朱軾撰。軾有周易傳義合訂，已著録。是編不全載經文，但有所論説者，標經文爲題，而注某年於其下。其敘雖稱「惟恪守胡傳，間有詞旨未暢及意有所未安者，始妄陳管窺之見」，然駁胡傳者不一而足。如「春王正月」，即駁夏時之説；「伯姬歸于紀」，即駁「諸侯親迎」之説；「州吁弑其君完」，即駁「不稱公子爲責君」之説；桓公、宣公書有年，即駁變異之説；「諸侯盟于幽」，即駁「首叛盟」之説；「楚宜申來獻捷」，即駁「當力拒楚使上告天王」之説；「齊人侵西鄙，公追齊師」，即駁「書人見示弱，書師見伏衆」之説；「陽處父救江」，即駁「責晉不合諸侯」之説；「齊人弑其君商人」，即駁「歸罪國人」之説；「楚子圍鄭」，即駁「嘉楚討賊」之説；「新宫災」，即駁「神主未入，哭爲非禮」之説；「寧喜弑其君剽」，即駁「廢立」之説；「叔孫豹會號」，即駁「尚信」之説；「公如晉，至河乃復」，即駁「從權適變」之説；「暨齊平」，即駁「暨爲不得已」之説；「季孫意如會厥憖」，即駁「力不能加」之説；「盜殺衛侯之兄縶」，即駁「歸獄宗魯」之説；「從祀先公」，即駁「出于虎」之説。如斯之類，不可殫數。所謂「恪守胡傳」，蓋遜詞耳。至於攻擊左傳，則頗傷臆斷。如以「鄭叔段餬口四方」爲詭詞，謂「段果出奔，鄭莊豈置之不問」；以「戎伐凡伯于楚丘以歸」爲「凡伯忍辱而自歸，非戎挾之以去」；以「楚執蔡世子有用之」爲「猶後世執蓋行酒之類，斷無殺而用祭之理」；以哀公八年「宋執曹伯陽」爲「未嘗滅曹」。揆之古書，皆無佐證；核以事理，亦未盡安。他如以成宋亂之説，從劉敞而駁杜預。然聖經之意，正以始於義而終於利。兩節相形，其事婉而章耳。如直書先公之助亂，暴揚國惡，春秋無此法也。許叔入許，責其不告於王。不知乘隙復國，機在呼吸，往返告王，不衣冠而救焚溺乎？召陵之役，不聲楚僭王之罪，自以王樵之説爲定，而必謂苟以去王號責楚，迫於大義，當無不從，似非當日之事勢。至首止之會，責王世子不能爲伯夷、泰伯，抑又强天下以所難矣。其持論大旨，往往類此。雖駁胡傳，實仍在胡傳門徑之中，不及所作周易傳義合訂遠矣。

（據武英殿本四庫全書總目卷三十一）

孝經定本

附三本管窺

張旭輝　整理

整理説明

東漢緯書鉤命決引孔子云：「吾志在春秋，行在孝經。」天道落實在世間，即爲王道，春秋是爲王道立法，通過朝野每個人的具體行事和效應，來彰顯天道之禍福災異、吉凶悔吝。而契入王道的入手處，便在孝經。有子曰：「君子務本，本立而道生。孝弟也者，其爲仁之本與！」所謂「務本」即「志在春秋」，春秋大義既立，則天道生生不息。孝悌乃爲仁之本，即「行在孝經」，孝悌不僅僅是義理之曉然，更是踐履之明決。孝乃踐履仁義的根本和切入口，論語裏有很多孔子和門人關於孝的問對，極見孝之重要性。漢書藝文志云：「孝經者，孔子爲曾子陳孝道也。」此書是孔子和曾子關於孝的專題問對，乃儒家十三經之一。「孝經者，百行之宗，五教之要。」字數不多，却意義重大。

孝經流傳至今的文本，有今文本，乃秦朝焚書後，漢初河間顔芝之子貞獻於朝者；有古文本，乃漢初與書、禮、論語並出於魯壁者；近世經學史家周予同先生又羅列了乾隆間流入中國的日本古文本。其實真正重要的是朱子的刊誤本。朱子既爲大學、中庸章句，又依大學章句體例爲孝經章句，分爲經、傳兩個部分，使得傳以釋經，一一對應，由此「孝」之義理和典籍若合符節，極富魄力。到了元朝大儒吴文正澄踵武朱子之精神，又損益刊誤本爲定本，並做了詳盡注釋，自此孝經經、傳、注俱備，内外照應，文從字順，是孝經史上的決定性事件，可爲後學研習孝經之鵠的。清康、雍、乾時代的醇儒朱文端軾，既綜合程、朱兩位大儒關於周易之學而作周易傳義合訂，又感激於孔子「志在春秋，行在孝經」之精神，先作春秋鈔，繼爲吴文正孝經定本作廣注，「爰裒益舊注，附以臆見」，删去了吴文正所作的音注和部分字注，最後附録此稿於同榜年友吴易齋隆元所精心校勘的孝經三本管窺之後，義理和考據兼具，使得孔子「志在春秋，行在孝經」之學兩足全備，並行於世，是一個相當完備的孝經文本，值得學者日常研習並踐行。

今次整理吴文正撰、朱文端廣注之孝經定本，以上海圖書館藏朱文端公藏書本爲工作本，又據四庫本孝經定本對吴文正本做了校勘。朱文端公藏書本的順序是以朱文端本爲主體，附以吴隆元孝經三本管窺，今一遵之。

公元二〇二〇年八月伊川張旭輝謹識

目録

梁份序

書之爲重於天下，莫如十三經，而人亦有昧然者。惟孝經，則童而習之。人生無不讀四子書者，惟孝經則先四子書而讀之，豈非人皆愛其子，則教皆以孝，習於少而讀之，最先優游涵詠，以感發其天良。舍是書，無以端蒙養者，固盡人而知之。而經義之精微，則未易以盡人而强之。此兩浙中丞可亭朱公有孝經之刻，取吴草廬定本而爲之廣其注也。

孝經自秦火後，與書、禮、論語並出於孔壁，流傳至今，則漢諸儒之力爲多。中間爲隋末所亂，離析竄增，小有同異。唐開元釐正，序且注焉，是爲石臺孝經。後人讀之，以天子而尊聖經，教天下以孝，有不想見其用意之深而遠乎！朱子以孝經、大學皆出於曾子，大學已分經傳，遂以分大學者分孝經，而删所引詩、書及後儒之所附會，定爲刊誤一書，其有功於夫子、曾子何如也！未及注釋，深自惜之。唐開元之先，注孝經者王肅、韋昭輩，不下百家。宋則司馬君實之指解，范淳夫之説，其表表者，學者皆有取焉。元儒董鼎、朱申有大義，有句解，皆章疏而字訓之。吴文正有云：「唐注宋疏，諸解雖詳，義未明暢，不其然乎？」草廬隱布水谷，經解特多，其於孝經則標曰定本，一從朱子刊誤。庸亦有傳，離爲二，或合而一，且删其可删，注疏則發所未發，雖朱子復生，其許可也必矣。世顧未嘗尊信，可不謂爲詘於一時者哉！

今中丞公深於經學，政事外一編不去手，如儀禮、禮記、大戴記、張子全書、朱子語録皆手校鋟木。至於孝經，以吴文正定本爲定書，不標目第，自署曰「朱某學」。公，大儒也，大臣也，而謙撝若是。其注多從定本，間補一二，以廣草廬明暢之意，使其經義得申於百世，不在是乎？公之出治也以禮齊民，而愛人也以孝教人。嗟乎！孝之道難言已。人估畢於髫年，昧經義於白首者，皆是也。則於是經也，猶夫食稻終身而不知稻之味也，非人之所能强之也，夫安得可强者而强之也。

康熙五十九年歲庚子季春同學弟梁份序

朱軾序

漢以來傳孝經者，皆顔貞所出今文本。朱子刊誤獨據孔壁二十二章，豈疑今而信古歟？以爲誤皆誤也，朱子偶拈其一正之耳。元儒吴文正公因刊誤參校古今文，從其長者，條章理節，則於朱子本時有更定。予始讀而駭，深味而嘆先儒讀書用意之精也。爰裒益舊注，附以臆見，編諸易齋三本後。易齋，予同年友；三本者，今文、古文、刊誤也。易齋于經學弘衍邃深，折衷允當，豈予固陋所能贊一詞？顧念學者讀朱子刊誤，參以文正之所論定，於微言奥旨不無發明。是文正固朱子功臣，而予一得之見，其諸易齋之河海細流歟？易齋將計偕，過予，别出所校經史、性理諸書示予，孝經三本，其一也。

康熙五十九年庚子首夏高安朱軾書

明道夫子謂：「學者須先識仁，義禮智信皆仁也。」余申之曰：識仁須先識孝，仁爲心之德，而孝，德之本也。夫子以之傳於曾子，是爲孝經。子思中庸稱舜之大孝、武周之達孝，孟子發明守身事親，而引曾子養曾晳以明之，其源流授受可見。是孝經爲四書之權輿，五經之統體也。横渠訂頑即事親之理，以明事天之道，民胞物與皆根於此，詎不大哉！頃見年友易齋考正古今文同異，犂然有當於心。其意以古文未可輕議，而以朱子刊誤爲與脩補大學同功。其志存乎移風易俗，而其功則本於服習允蹈。蓋易齋家法矜莊，孝友婣睦，余嘗耳聞諸歸安人云。

時康熙五十七年如月丙午日年眷弟殷元福拜題於萬松山敷文書院

孝經

經

今文六章，古文七章，今依朱子刊誤爲一章。

傳

古文十五章，朱子刊誤十四章，今依今文爲十二章，内第三章、第七章離一爲二，第十章合二爲一。

漢藝文志：「孝經古孔氏一篇，二十二章。」許沖云：「古文孝經，孝昭時魯國三老所獻。建武時，議郎衛宏所校，皆口傳，官無其説。」孝經一篇十八章，長孫氏、江翁、后倉、翼奉、張禹傳之，各自名家。經文皆同，唯孔氏壁中古文爲異。」桓譚新論云：「古孝經千八百七十二字，今異者四百餘字。」

隋經籍志：「孝經，河間人顔芝所藏。漢初，芝子貞出之。又有古文孝經與古文尚書同出，孔安國爲傳。劉向以顔本比古文，除其繁惑，而安國之本亡於梁。至隋秘書監王邵訪得孔傳，河間劉炫因序其得喪，講於人間，漸聞朝廷。儒者皆云炫自作之，非孔舊本。」

邢昺正義曰：「古文孝經，曠代亡逸。隋開皇十四年，秘書學生王逸於京市陳人處得本，送與著作郎王邵，以示河間劉炫，仍令校定。炫遂以庶人章分爲二，曾子敢問章分爲三，又多閨門一章，凡二十二章。因著古文孝經稽疑一篇。唐開元七年，國子博士司馬貞議曰：『今文孝經是漢河間王所得顔芝本，至劉向以此校古文，定一十八章。其古文二十二章出孔壁，未之行，遂亡其本。』近儒輒穿鑿，更改僞作閨門一章，文句凡鄙。又分庶人章從『故自天子』以下別爲一章，以應二十二之數。」

朱子曰：「舊見衡山胡侍郎論語説疑孝經引詩非經本文，初甚駭焉，徐而察之，始悟胡公之言爲信，而孝經之可疑者不但此也。因以書質之沙隨程可久丈，程答書曰：『頃見玉山汪端明，亦以爲此書多出後人傅會。』於是乃知前輩讀書精審，其論固已及此。又自幸有所因述，而得免於鑿空妄言之罪也。」又曰：「孝經獨篇首六七章爲本經，其後乃傳文，皆齊魯間儒篡取左氏諸書之語爲之傳者，又頗失其次第。」

吴澄曰：「夫子遺言，惟大學、論語、中庸、孟子所述醇而不雜，此外傳記諸書所載，真僞混淆，殆難盡信。孝經亦其一也。詳孝經之爲書，肇自孔、曾一時問答之語，今文出於漢初，謂悉曾氏門人記録之舊，已不可知。武帝時魯共王壞孔子宅，於壁中得古文孝經，以爲秦時孔鮒所藏。昭帝時魯國三老始以上獻，劉向、衛宏蓋嘗手校，魏晉以後其書亡失，世所通行惟今文孝經十八章而已。隋時有稱得古文孝經者，其間與今文增減異同，率不過一二字，而文勢曾不若今文之從順。以許慎説文所引及桓譚新論所言考證，又皆不合，決非漢世孔壁中之古文也。許慎學孝經孔氏古文說，文中所引用者，慎自序云：『其稱論語、孝經，皆古文也。』今案：說文『居』字下引孝經「仲尼居」，見得當時古文『居』上即無『閒』字，劉炫本增此一字，妄矣。又桓譚言古文千八百七十二字，與今文異者四百餘字。今案劉炫本止有千八百七字，多於今文八字。除增閨門一章二十四字外，與今文異者僅二十餘字，其所增或一字，或二字，比今文徒爲冗羨，其所減多是句末也字，比今文更覺突兀。宋大儒司馬公酷尊信之，朱子刊誤亦據古文，未能識其何意。今觀邢氏疏說，則古文之爲僞審矣。又觀朱子所論，則雖今文亦不無可疑者焉。疑其所可疑，信其所可信，去其所當去，存其所當存，朱子意也。故今特因朱子刊誤，以今文、古文校其同異，定爲此本，以俟後之君子云。」用今文、古文及朱子刊誤本參校，今文、古文有不同者定從所長，所不從者附注其下，朱子刊誤本所塗之字，今並刪去。傳文章次因朱子所定，更爲次其先後。

孝經

草廬校定古今文

仲尼居，曾子侍，子曰：「先王有至德要道，以順天下，民用和睦，上下無怨。女知之乎？」

德謂己所得，道謂人所共由，其理曰仁義禮智，而仁兼統之。仁之發爲愛，而愛先於親，故孝爲德之至、道之要也。孝者，其心有順而無逆，以孝教天下，使皆化而爲順，故曰以順天下。民謂庶人，上謂天子在諸侯之上，諸侯在卿大夫之上，卿大夫在士之上；下謂士在卿大夫之下，卿大夫在諸侯之下，諸侯在天子之下也。孝，順德、順道也。以順德順道順天下者，天子也。順達於庶人，則其内之兄弟夫婦，外之比閭族黨，靡有乖争。順達於諸侯、卿大夫、士，則爲下者順事其上而上無怨於下，爲上者順使其下而下無怨於上。天地之間一順充塞，九族既睦，百姓昭明，黎民於變時雍，人人親其親、長其長，而天下平。唐虞、成周之盛也。○軾按：此節甚言孝道之大。下文「德之本」申至德要道，「教所由生」申順天下而民和睦。屬之先王者，猶云君子之道，聖人之道也。舊注以上下無怨爲順，達于諸侯、卿大夫。愚意當緊承上句，謂民之一家長幼尊卑也。惟上下和睦，故無怨。又一解謂上以此至德要道順天下，民用此至德要道相和睦，和睦即順也。上以順教無拂乎下，故下無怨；下以順應不悖乎上，故上無怨。上下無怨，總承上言。亦通。

曾子避席，曰：「參不敏，何足以知之！」子曰：「夫孝，德之本也，教之所由生也。

孝爲至德，故己之德此爲本；孝爲要道，故教人之道由此而生。

「復坐，吾語女。身體髮膚，受之父母，不敢毁傷，孝之始也。立身行道，揚名於後世，以顯父母，孝之終也。

身，總言其大；體，分言其細。髮，毛髮；膚，皮膚。毁，謂虧辱；傷，謂破損。孝者愛親，而身者親之枝，故愛親必自愛身始。以身之百體，有髮有膚，一皆父母所與也。立，樹立也；揚，傳播也。身存之時，所行者道。使吾身之名傳播於没世之後，而父母之名亦因以顯，此爲能立其身也。孝之始終，皆在此身。蓋人子之身，即父母之身，始則保其身以全所有，終則成其身以彰所自，可謂孝矣。

「夫孝，始於事親，中於事君，終於立身。

事親者不敢毁傷其人也，左右就養等事在其中矣。事君者推愛親之心以愛君也，立身者，行道揚名之謂也。○前言至德要道，蓋言在上者之孝而通乎下，「夫孝」以下二句結前意也。後言孝之始終，蓋言在下者之孝，而通乎上，「夫孝」以下三句結後意也。○軾按：上言孝之始終，此節又添出「中於事君」。蓋始終之間，有此一層轉接。身體雖無毀傷，然不能推愛親之心以愛君，終是愛之分量有虧，如何能立身行道？立身者，成己之事；行道者，成物之事。成己、成物，斯修道之教行，而至德無虧，故曰孝之終也。

「愛親者不敢惡於人，敬親者不敢慢於人。愛敬盡於事親，而德孝加於百姓，刑於四海，蓋天子之孝也。

親謂父母，人謂他人，自王宫王族以至臣庶皆是。不敢惡者，愛之也；不敢慢者，敬之也。己所得，人所效，曰德教。加，被及也。百姓，以國言；刑，儀法也。四海，以天下言。愛親者於人無不愛，敬親者於人無不敬。推此一心，由親及疏，以天子之貴而不敢惡慢於人。則平日能盡愛敬於事親可知矣。有諸内必形諸外，近而國中，遠而天下，皆視傚之而無不愛敬其親焉。是其德教被及於百姓，儀法於四海也。○軾按：不敢惡慢于人，斯爲愛敬之至，故曰愛敬盡于事親，必無不盡，乃能教百姓，刑四海。

「在上不驕，高而不危，制節謹度，滿而不溢。高而不危，所以長守貴也；滿而不溢，所以長守富也。富貴不離其身，然後能保其社稷，而和其民人，蓋諸侯之孝也。

驕，矜肆也；危，謂勢將隕墜；制，以方裁物也；節，如竹節；度，如尺度有分限也；溢，如水之溢出。保，謂不亡失。社，土神；稷，穀神，凡封建列國，爲立社稷之壇壝，其君主而祭之。和，謂不乖離；民，謂農及工商；人，謂士及府史胥徒。社稷、民人，皆諸侯所受於天子，以爲國有者也。位不期驕，禄不期侈。然貴爲一國之主，則其位之崇，如自高臨下，處之者易以危；富有一國之財，其禄之豐，如水滿器中，持之者易以溢。在臣民之上，能不自驕，則雖高不危，謂不以陵傲召禍，而致卑替，所以長守其貴也。制財用之節，能謹侯度，則雖滿不溢，謂不以僭侈費財，而致虚耗，所以長守其富也。位不卑替，財不虚耗，然後能長有其國，使社稷不至於失亡，而民人不至於乖離也。諸侯，謂五等國君，公九命，侯、伯七命，子、男五命。

「非先王之法服不敢服，非先王之法言不敢道，非先王之德行不敢行。是故非法不言，非道不行，口無擇言，身無擇行。言滿天下無口過，行滿天下無怨惡。三者備矣，然後能守其宗廟，蓋卿大夫之孝也。

凡服，上得兼下，下不得僭上。服，服之也。言爲世則曰法言。道，言之也。率德而行曰德行。非法不言，法即上文所謂法言；非道不行，道即上文所謂德行。口過，謂言不合法，出口有差；怨惡，謂行不合道，召怨取惡。所言皆法言，則口無可揀擇之言，雖言滿天下，在己亦無口過；所行皆德行，則身無可揀擇之行，雖行滿天下，在人亦無怨惡。卿大夫立朝則接對賓客，出聘則將命他邦，故言行滿天下。三者，服、言、行也。人之相與，先觀容飾，次交言辭，後考德行。孟子言「服堯之服，誦堯之言，行堯之行」，意與此同。首服，次言，次行者，蓋先輕而後重。是故以下申言言行而不及服者，蓋詳重而略輕。○軾按：惟道法言，故言皆善而無可擇，無可擇，又何言過之有？「言滿天下」二句，猶云蠻貊之邦行也。温公分出身、接人及天下，未當。

「資於事父以事母而愛同，資於事父以事君而敬同。故母取其愛，而君取其敬，兼之者父也。故以孝事君則忠，以敬事長則順，忠順不失，以事其上，然後能保其禄位，而守其祭祀，蓋士之孝也。

資，取也。取事父之道以事母，則愛同於父；取事父之道以事君，則敬同於父。蓋愛心生於所親，敬心生於所尊。母之親與父同，君之尊與父同，故一取其愛，一取其敬。惟父，親、尊並至，則愛、敬兼隆也。士之位卑，在上有天子諸侯爲之君，有卿大夫爲之長，皆己所當事者。孝即愛也，母至親也，故愛同於父。君則非如父與母之親也，然亦當以愛父愛母之孝而愛之。君至尊也，故敬同於父。長則非如父與君之尊也，然亦當以敬父敬君之敬而敬之。愛君爲忠，敬長爲順。忠謂盡心無隱，順謂循理無違。上，謂君與長在己之上也；禄，所食之俸；位，所居之官。士有田禄，則得祭祀其先，故庶人薦而不祭。士無田則亦不祭，其禄位與祭祀相關。士謂王朝侯國之小臣，及卿大夫之家臣。王之上士三命，中士再命，下士一命，公侯伯之士一命，子男之士不命。○軾按：資父事君，敬而已矣，而猶未也，必以孝愛事其君，方可謂忠。匪惟事君也，自君而下有長焉，雖不能如事君之愛敬兼全，亦不可不盡敬焉。

「用天之道，分地之利，謹身節用，以養父母，此庶人之孝也。

道，謂四時之行，因天之生長、收藏而耕耘、斂穫，各順其時，用天道也。利，謂五土之宜，因地之沃衍、隰皋而稻粱、黍稷各隨所宜，分地利也。生財有道，而又慎謹其身，不爲非僻，不犯刑戮，用財有節，量入爲出，以給父母之衣食，俾無闕供也。庶人，謂王畿國都家邑之民。○玄宗云：「庶人之孝，惟此而已。」○司馬氏曰：「明自士以上，無非直養而已。」

「故自天子至於庶人，孝無終始，而患不及者，未之有也。」

孝之終謂立身，孝之始謂事親。孝無終始，謂不能事親、立身也。患，禍難也。不能事親、立身，則禍雖必及之，甚則天子不能保其天下，諸侯不能保其國，卿大夫不能保其家，士庶人不能保其身也。

右經一章。凡四百二字。朱子曰：「此夫子、曾子問答之言，而曾氏門人之所記也。疑所謂孝經者，其本文止如此，其下則或者雜引傳記以釋經文，乃孝經之傳也。竊嘗考之傳文，固多傅會，而經文亦不免有離析增加之失。顧自漢以來，諸儒傳誦，莫覺其非。至或以爲孔子之所自著，則又可笑之尤者。蓋經之首，統論孝之終始，中乃敷陳天子、諸侯、卿大夫、士、庶人之孝，而其末結之曰：『故自天子至於庶人，孝無終始，而患不及者，未之有也。』其首尾相應，次第相承，文勢聯屬，脉絡貫通，同是一時之言，而後人妄分以爲六七章。又增『子曰』及詩書之文以雜乎其間，使其文意分斷間隔。故今定此六七章者合爲一章，而删去引書引詩及『子曰』字，以復經文之舊。其傳文之失，又別論之如左。」澄謂以上經文，朱子合其離析，去其增加，以復於舊。既得之矣，然細味之，則與大學經文純是聖言者，頗覺不侔。終於立身，下敷陳五孝，語辭體段各異，似非同出一時。諸侯、卿大夫、士三節，尤爲繁複，疑亦有掇取他書附會其間者。但自末周先秦時已有之，蓋如二記、三傳所載聖言，雖皆出於七十子之後，而所傳所聞不無失實失當者爾。○古文「居」上有「閒」字，案許慎説文所引古文，無「侍」，下有「坐」字。案居即坐也，與上句義重。禮小戴記云：「仲尼燕居，子張、子貢、子游侍。」「孔子閒居，子夏侍。」大戴記云：「孔子閒居，曾子侍。」並無「坐」字。此經與彼所記當爲一例。「先王」上有「參」字。德之本、孝之所由生、蓋天子之孝、所以長守貴、所以長守富、蓋諸侯之孝、蓋卿大夫之孝、蓋士之孝、此庶人之孝，九句之末並無「也」字。「禄位」作「爵禄」，「分地」作「因地」，「故自天子」下有「已下」字，依大學經文例亦不應有。凡此疑皆僞，稱得古文者妄增減改易，以異於今文，故今所定悉從今文。

子曰：「昔者明王事父孝，故事天明，事母孝，故事地察。

此言孝之推也。王者事天如事父，事地如事母，能事父母則知所以事天地矣。明察，謂於其禮、其義能精審也。

「長幼順，故上下治。

此言悌之推也。悌於家而長幼序順，故自國至天下皆興悌，而上下之分不亂也。

「故雖天子必有尊也，言有父也；必有先也，言有兄也。

申上文長幼順之義。謂雖天子之貴，亦必有長，所當尊者諸父，所當先者諸兄也。父兄皆祖考之胤，孝於祖考則悌於父兄矣。

「宗廟致敬，不忘親也；脩身慎行，恐辱先也；宗廟致敬，鬼神著矣。天地明察，神明彰矣。

致敬於宗廟，則祖先之鬼神著矣。著，猶祭義「致慤則著」之著，如見所祭也。明察於郊社，則天地之神明彰矣。彰，謂微之顯，洋洋乎如在其上，如在其左右也。人鬼而曰神者，言雖屈而伸也。天地之神而曰明者，言雖幽而顯也。惟祭者極其誠敬，故如此。○軾按：上節是愛其所親，此節是敬其所尊。守身者，事親之本，一舉足，一出言，不敢忘親，斯可謂能敬矣。「修身」二句補足上文。

「**孝悌之至，通於神明，光於四海，無所不通。**

通，謂感格而無隔礙。光，謂變化而有光輝。由宗廟事父母之孝，充之以事天地而神明彰。此孝之至而通於神明也。由一家長幼順之悌，充之以治國平天下而上下治，此悌之至，而光於四海，無所不通也。○司馬公曰：「通於神明者鬼神，歆其祀而致其福。光于四海者，兆民歸其德而服其教。鬼神至幽，四海至遠，然且不違，況其邇者，烏有不通乎？」

「**詩云：『自西自東，自南自北，無思不服。』**」

詩大雅文王有聲之篇，引之以證無所不通之義。○軾按：此章與中庸達孝章參看，明天察地，所謂明乎郊社之禮也；上下治，所謂治國示諸斯也。必有尊先，愛其所親也；宗廟致敬，敬其所尊也；不忘不辱，事死如事生、事亡如事存也；天子父天母地，能孝父母，則於事天地之道無不明察矣。悌者，孝之推，未有孝而不順者。能順則天下皆化爲悌，而上下治矣。或謂天子無期喪，何有于悌？不知諸父、諸昆皆父母之所慈愛也，父母之所慈愛而子不尊先之，可謂孝乎？言父兄則子弟統之矣。不但此也，祖宗者，父母之所尊也，宗廟致敬，敬其所尊也。然使虧體辱先，雖奉祀誠敬，而怨恫不免。故非修身不可以奉祭也。惟明德以薦馨香則廟焉，人鬼享郊焉。天神格感應之幾，有不疾而速者。故曰通于神明，光于四海，此至孝之所以無不通。有不通，即不可謂孝之至也。

右傳之首章。凡百九字。釋先王有至德要道，由一念而感神明至德也，由一家而達四海要道也。朱子曰：「此有格言焉。」○舊本、今文次第十一章後，古文次第五章後，朱子謂當次第十章後、第十一章前。今詳此章文理精深，正釋至德要道之義。其曰「昔者明王」云者，釋經文「先王」字也，當爲傳之首章。「天地明察，神明彰矣」八字錯簡，在「故雖天子」之上。今詳「故」字承上起下，申説上文長幼順之義，而「宗廟致敬」乃申説章首事父孝、事母孝之義。「天地明察」則因章首事天明、事地察而言。「著矣」、「彰矣」二句文法協比，不應間隔。下文「通於神明」又承「神明彰矣」一句而言，如此辭意方屬。

子曰：「昔者明王之以孝治天下也，不敢遺小國之臣，而況於公、侯、伯、子、男乎？故得萬國之懽心，以事其先王。

以孝治天下，謂天子能孝於先王，而推其愛敬於一家一國以及天下之萬國也。蓋能孝於先王，然後能推之以及天下，而得萬國之懽心。否則，是其所以事先王者有未至也。

「治國者不敢侮於鰥寡，而況於士民乎？故得百姓之懽心，以事其先君。

治國，以孝治其國也，謂諸侯能孝於先君，而推其愛敬於一家，以及一國之百姓也。蓋能孝於先君，然後能推之以及一國，而得百姓之懽心。否則，是其所以事先君者有未至也。○軾按：言先王、先君，則生存者可知。先儒謂天子、諸侯無生親，故言先王、先君。未當。

「治家者不敢失於臣妾，而況於妻子乎？故得人之懽心，以事其親。

治家，以孝治其家也，謂卿大夫能孝於亲，而推其爱敬於一家之人也。蓋能孝於父母，然後能推之於一家之人，而得其懽心。否則，是其所以事親者有未至也。

「夫然，故生則親安之，祭則鬼享之。是以天下和平，災害不生，禍亂不作，故明王之以孝治天下也如此。

親安，指事親者而言；鬼享，指事先君、先王者而言。享、饗通，謂歆享其祭也。舉天下則國家在其中。和平，謂各得懽心而無有乖戾偏頗也。天災之甚者爲害，人禍之甚者爲亂。由鬼享而上達，則天道順而無災害；由親安而下達，則人道順而無禍亂。此以孝治天下之極功也。

「詩云：『有覺德行，四國順之。』」

詩大雅抑之篇。覺，大也。大德行，即謂至德要道。四國順之，謂東西南北四方之國皆興於孝而爲順之。

右傳之二章。凡百四十二字。釋以順天下，民用和睦，上下無怨。以孝治者，順天下也；得懽心者，和睦無怨也。朱子曰：「此言雖善，而非經文正意。蓋經以孝而和，此以和而孝。」澄謂此傳正是發明經中以孝而和之意。所謂以事先王、以事先君、以事親者，言己有是孝愛敬一念，由親及疏，由尊及卑，上下兩間，同乎一順，故家國天下無一不得其懽心，未有不得於親而能得於人者。孝子之效驗至此，乃所以見其事先事親之孝云爾。非謂先得他人之懽心，而後以之事其先、事其親也。舊注以爲得彼懽心以助祭享、助奉養，蓋害於辭而失其意。朱子亦牽於舊注之説，故云。○舊本次第四章後。古文「不敢失」作「不敢侮」，「如此」上無「也」字。

曾子曰：「敢問聖人之德，無以加於孝乎？」子曰：「天地之性，人爲貴。人之行，莫大於孝。

性有人物所得以生之理。行者，人之所行也。人物均得天地之氣以爲質，均得天地之理以爲性，然物得氣之偏而其質塞，是以不能全其性。人得氣之正而其質通，是以能全其性而與天地一。故得天地之性者，人獨爲貴，物莫能同也。性之仁、義、禮、智統於仁，仁之爲愛先於親，故人率性而行，其行莫大於孝也。○軾按：人爲萬物之靈，以其得於天地者全也。仁、義、禮、智，性所自有；子、臣、弟、友，道所共由。人者仁也，親親爲大，故曰人之行，莫大於孝。

「孝莫大於嚴父，嚴父莫大於配天，則周公其人也。昔者周公郊祀后稷以配天，宗祀文王於明堂以配上帝，是以四海之内各以其職來祭。夫聖人之德，又何以加於孝乎？」

此又因孝之大而推言之。嚴，尊也，謂孝固大矣。然孝之事不一，而莫大於尊其父。尊其父之事亦不一，而莫大於天子之禮。祀其父以配天，然得遂此心、盡此禮者，惟周公而已。故曰周公其人。蓋自武王有天下之後，周公始制此禮以尊其父文王也。郊者，國門之外。宗者，文王之廟。天子七廟：祖廟一，昭廟三，穆廟三。祖廟百世不毁，昭、穆六世後親盡則祧，其有功德當不祧者謂之宗。武王、成王時，文王居穆之第三廟。康王、昭王時，文王居穆之第二廟。穆王、共王時，文王居穆之第一廟。懿王時，文王親盡，在三穆之外，以其不當祧也，故於穆廟北别立一廟以祀文王，是名爲宗，不在七廟之數。穆王以前，文王雖未别立廟，遞居三穆廟中，然即其所居之廟亦名爲宗，蓋初祔廟時，已定爲百世不祧之宗故也。明堂者，廟之前堂。凡廟之制，後爲室，室則幽暗；前爲堂，堂則顯明，故曰明堂。享人鬼尚幽暗，則於室祀；天神尚顯明，故於堂也。上帝即天也，祀之於郊則尊之而曰天，祀之於堂則親之而曰帝。冬至，於國門外之南郊築壇爲圜丘祀天，而以始祖后稷配；季秋於文王廟之前堂祀帝，而以文王配。后稷封於邰，周家有國之始。文王三分天下有其二，周家有天下之始。故以后稷配天，文王配帝也。此禮一定，而周公之父世得配天帝，此周公所以獨能遂其嚴父之心也。然亦因其功德，禮所宜然，非私意也。四海之内，謂四方諸侯。其職，上物之貢。來祭，來助祭也。○玉山汪氏嘗疑「嚴父配天」之文非孔子語。陵陽李氏曰：「此言周公制禮之事爾。猶中庸言周公成文、武之德，追王太王、王季也。周公制禮，成王行之，自周公言則嚴父，成王則嚴祖也。謂嚴父，則明堂之配當一世一易矣，豈其然乎？」司馬公曰：「周公制禮，文王適其父，故曰嚴父，非謂凡有天下者皆當以父配天。孝子之心，誰不欲尊其父？禮不敢踰也。祖已曰祀，無豐于禰。孔子論孝，亦曰祭之以禮。漢以高祖配天，光武配明堂，文、景、明、章德業非不美，然不敢推以配天。近世明堂皆以父配，此乃誤識孝經之意，違先王之禮，不可以爲法也。」

右傳之三章。凡九十六字，釋德之本。朱子曰：「此因論武王、周公之事，而贊美其孝之辭，非謂凡爲孝者皆欲如此也。況孝之所以爲大，自有親切處，而非此之謂乎？若必如此而後爲孝，則是使爲人臣子者皆有今將之心，而反陷於大不孝矣。讀者不以文害意焉可也。」○舊本今文連第七章爲一章，朱子從古文，離爲二章。古文「無以加於孝」上有「其」字，「來」下有「助」字。

曾子曰：「甚哉！孝之大也。」子曰：「夫孝，天之經也，地之義也，民之行也。天地之經，而民是則之。

經，如布帛在機之直縷，條理一定者也。義，裁制得宜者也。則，效法也。蓋孝者天地之理，民效法而行之。既分言天經地義，又總言大地之經，則義在其中矣。○司馬公曰：「經，常也。言孝者天地之常，自然之道，民法之以爲行耳。其爲大，不亦宜乎！」○軾按：經是統名，義是經之纖悉不紊處。

「則天之明，因地之義，以順天下。是以其教不肅而成，其政不嚴而治。」

上文言民以天地之理而爲行，此言聖人以天地之理而爲教也。明理之顯著者，即所謂經也。因，遵依也；教者，化誨而使之效；政者，勸禁而使之正也。肅，言其聲容；嚴，言其法令。信從其教之謂成，服從其政之謂治。○司馬公曰：「王者逆於天地之性，則教肅而民不從，政嚴而事不治。今上則天明，下因地義，中順民性，又何待於嚴肅乎？」

右傳之四章。凡六十字。釋教之所由生。朱子曰：「春秋左氏傳載子太叔爲趙簡子道子産之言曰：『夫禮，天之經，地之義，民之行也。天地之經，而民實則之，則天之明，因地之性。』其下陳天明地性之目，與其所以則之、因之之實。然後簡子贊之曰：『甚哉！禮之大也。』此易『禮』字爲『孝』字，而文勢不若彼之通貫，條目不若彼之完備，明此襲彼，非彼取此也。」○舊本次經後，朱子次第六章後。古文「經」「義」「行」下無「也」字。「因地之義」，今文「義」作「利」，此一字定從古文。章末舊有六十九字，朱子删去。

子曰：「君子之教以孝也，非家至而日見之也。教以孝，所以敬天下之爲人父者也。教以弟，所以敬天下之爲人兄者也。教以臣，所以敬天下之爲人君者也。

以孝教天下之人者，不待各至其家，日見其人而論之，但上所行、下自效之耳。孝施於兄則爲弟，施於君則爲臣，同一順德也。上之人躬行孝弟臣以教，則天下之人無不效之，而各敬其父兄與君。是上之人自敬其父兄君者，乃所以敬天下之爲人父、爲人兄、爲人君者也。邢氏曰：「案祭義，祀明堂所以教孝，食三老五更所以教弟，朝覲所以教臣。祭帝稱臣，亦以身率下也。」

「詩云：『豈弟君子，民之父母。』非至德，其孰能順民如此其大者乎！」

詩大雅洞酌之篇。豈，樂也；弟，易也。躬行孝弟臣之德者，樂易之君子也。人皆效之而各敬其父兄與君，是足以爲民之父母。非有孝之至德，其何能達此一順之德於天下之大乎？○軾按：人人親其親，長其長，斯大順之世矣。而以一孝致之，所謂至德以順天下也。

右傳之五章。凡八十三字，申釋至德以順天下。○舊本次第六章後，朱子以次經後。古文「父者」、「見者」、「君者」下無「也」字。

子曰：「教民親愛，莫善於孝；教民禮順，莫善於弟；移風易俗，莫善於樂；安上治民，莫善於禮。

君教以孝，則民知有親而愛其父；君教以弟，則民知有禮而順其兄。風者，上之化所及；俗者，下之習所成。移，謂遷就其善；易，謂變去其惡。安，謂不危；治，謂不亂。由父子之和而被之聲容以爲樂，則氣體順暢而無有乖戾，所以風隨上而遷，俗自下而變也。由長幼之序而著之節文以爲禮，則名分森嚴而無有陵犯。所以爲上者不危，爲民者不亂也。

「禮者，敬而已矣。故敬其父則子悦，敬其兄則弟悦，敬其君則臣悦，敬一人而千萬人悦。所敬者寡，而悦者衆，此之謂要道也。」

又承上文「禮」字而言。禮之實，不過敬而已，居上者自敬其父兄君，則下之爲人子、爲人弟、爲人臣者效之，各皆懽悦以事其父、兄、君矣。夫上之自敬其父、兄、君也，所敬者不過一人，若是其寡也，下效之而和悦於其父、兄、君者，乃至于萬人焉，若是其衆也。此所以爲道之要。

悦者，深愛和氣、愉色婉容之謂。上所教者言敬而不言愛，下所效者言愛而不言敬，互文以見也。○軾按：此章見教民莫過於自盡孝。孝者必弟，樂，樂此也；禮，節文此也。禮可兼樂，蓋必有慈愛樂易之意寓於恭敬嚴恪之中，所謂和爲貴也，故曰悦者衆。

右傳之六章。凡八十一字。申釋要道，民用和睦，上下無怨。○舊本次第八章後。古文「要道」下無「也」字。

子曰：「父子之道，天性也，君臣之義也。

父慈子孝，乃天性之本然。父尊子卑，又有君臣之義，亦天分之自然也。朱子曰：「『君臣之義』之下當有脱簡，不能知其爲何字也。」

「**父母生之，續莫大焉。君親臨之，厚莫重焉。**

人子之身，氣始於父，形成於母。其體連續，是爲至親無有大於此者。家人有嚴君焉，父母之謂也。既爲我之親，又爲我之君而臨乎上，其分隆厚，是爲至尊無有重於此者。○軾按：父子天性，以愛言；君臣之義，以敬言。以下逐段分承。

「**故親生之膝下，以養父母日嚴。聖人因嚴以教敬，因親以教愛。**

親生之而在膝下，一體而分，戀慕相親，自有愛心；及孩幼漸長，奉養父母，日益尊嚴，自有敬心。聖人因其固有而教之耳。○軾按：人子嬉戲膝下，親愛之心於慈最切，故曰生之膝下。漸長而識義，方以養其父母，乃知畏敬，故曰以養父母日嚴。教敬者，如出以就傅、趨而過庭之類；教愛者，如抑搔癢痛，懸衾篋枕之類。凡此皆因其本然而利之，非有所强也。

「故不愛其親而愛他人者，謂之悖德。不敬其親而敬他人者，謂之悖禮。聖人之教不肅而成，其政不嚴而治。其所因者本也。」

愛敬之心皆由親而推以及人，不愛敬其親而以愛人爲德、敬人爲禮，則悖矣。悖，逆也。由本及末爲順，舍本趨末爲逆。

右傳之七章。凡百一字。申釋德之本，教之所由生。朱子曰：「此皆格言。」○舊本古文次第三章後。今文無章首「子曰」字，而連第三章爲一章。「故親生」至「以教愛」二十四字在「聖人之教」上而上屬，第三章「可以加於孝乎」之下「聖人之教」至「本也」二十字在「以教愛」下而下屬。章首「父子之道」之上，朱子姑從古文分在第三章，而謂其文不屬，以今文連此章者爲是。澄案：此兩節合在此章，但文失其次。漢藝文志引此云：「父母生之，續莫大焉，故親生之膝下。」諸家説不安，蓋當時編簡猶未錯亂，今考而正之，則文屬而意完矣。古文「之道」「之義」下無「也」字。「不愛其親」上無「故」字，有「子曰」字，而别爲一章。章末舊有九十二字，朱子删去。

子曰：「孝子之事親也，居則致其敬，養則致其樂，病則致其憂，喪則致其哀，祭則致其嚴。五者備矣，然後能事親。

居，謂父母閒居無事之時；養，謂進飲食時。居、養、病，皆事生；喪、祭，皆事死。敬、樂、憂、哀、嚴，各於其時，務盡其極也。

「事親者，居上不驕，爲下不亂，在醜不争。居上而驕則亡，爲下而亂則刑，在醜而争則兵。三者不除，雖日用三牲之養，猶爲不孝也。」

醜，衆也，謂與己同等者也。兵，謂相刃。三牲，牛、羊、豕也。事親者以身不毁傷爲孝，居人之上而矜肆以陵下，則必取滅亡；爲人之下而悖逆以犯上，則必遭刑戮；在同等之中而與之争，則必相戕殺。三者皆喪身之事，苟或不除，則親之遺體將不能保。雖日具盛饌以養親之口體，何足爲孝哉！○軾按：此節承上文。謂五者備而事親之道盡，然必以守身爲先。三者守身之道也，不能守身，不可謂致敬致樂也。

子曰：「五刑之屬三千，而罪莫大於不孝。

五刑，墨、劓、剕、宫、大辟也，墨之屬千，劓之屬千，剕之屬五百，宫之屬三百，大辟之屬二百，總之爲三千。刑施於有罪者，然三千條之中，不孝之罪最大。朱子曰：「此因上文『不孝』之云而繫於此。」

「要君者無上，非聖人者無法，非孝者無親，此大亂之道也。」

要君，謂脅束之使從己；非聖人、非孝，謂人之所行非聖人之道，子之所行非孝道也。君制命於上，臣恭順於下，要君從己，是不知有上也；聖人言行爲萬世法，不學聖人，是不知有法也；父母至親，不善事之，是不知有親也。無此三者，人道滅矣，故曰大亂之道。此因上文而言不孝於親者必不能事君、立身，不能事君故無上，不能立身故無法，不能事親故無親。項氏曰：「『非』字與前經『非先王』之『非』同。」〇軾按：此節承上節，言不孝之人與要君、非聖同爲大亂之道，故其刑最重。人知非聖無君之爲惡，而不知不孝猶是也。〇非聖人，「非」字似當作非議解。

右傳之八章。凡百二十八字。釋始於事親，末又兼及事君、立身，以起下章。朱子曰：「此亦格言也。」〇舊本「子曰五刑」以下别爲一章。今案：此乃再引夫子之言以足前意，當合爲一章。古文「孝子之事親」下無「也」字，「三者不除」上有「此」字。

子曰：「君子之事上也，進思盡忠，退思補過，將順其美，匡救其惡，故上下能相親也。

進，謂自私家而適公所；退，謂自公所而歸私家。盡忠，謂事有當陳者，罄竭其心；補過，謂責有未塞者，彌縫其闕。將，謂助之於後；順，謂導之於前。匡，謂正之於微；救，謂止之於顯。其，指君而言。下以忠事上，上以義接下，故相親。○朱子曰：「『進思盡忠，退思補過』，左傳所載士貞子語。」澄案：宣公十二年，晉荀林父爲楚所敗，歸而請死，士貞子諫曰：「林父之事君，進思盡忠，退思補過。其敗也，如日月之食。」於是晉侯使復其位。補過，謂自補其過，非謂補君之過。邢氏曰：「韋注云：『退歸私室則思補其身過。』國語：『士朝而受業，晝而講貫，夕而習復，夜而計過。』」○軾按：將順、匡救，正是盡忠。然必夙夜寅畏，常存寡過未能之思，而後書思獻納，克成賡歌喜起之盛。

「**詩云：『心乎愛矣，遐不謂矣。中心藏之，何日忘之？』**」

詩小雅隰桑之篇。遐，何通。言心乎愛君，何不形於言乎？雖不言，而藏之中心，何日而忘之？蓋言之於口者其愛淺，藏之於心者其愛深也。

右傳之九章。凡四十九字。釋中於事君。○舊本今文次首章後，古文次第十一章後，而下並屬第十二章之前。朱子謂次當在此。古文「君子」下無「之」字，「事上」「相親」下無「也」字。

子曰：「君子之事親孝，故忠可移於君。事兄弟，故順可移於長。居家理，故治可移於官。是以行成於内，而名立於後世矣。」

孝親、弟兄、理家，始於事親之事也；忠君、順長、治官，終於事君之事也。行即行此三者，成謂完備也。必可移而後謂之成，身存而行成，故身没而名立。内對外言，後對今言。蓋行成於内則名立於外，名立於後由行成於今也。○軾按：此亦孝爲德本之意。若依吴文正公釋終於立身，則當重看「可」字。惟謹身修行而後孝盡，而忠可移於君，不然，徒事定省温凊之文耳，烏可移乎？

右傳之十章。凡四十五字。釋終於立身。第八章釋事親，而章末兼及事君、立身。此釋立身，而章首先舉事親、事君，以見始終相貫之義。○舊本今文次第五章後，古文次首章後，而下有閨門一章，今删去，説見後。

曾子曰：「若夫慈愛恭敬，安親揚名，則聞命矣。

軾按：孝經之言孝，義也，非事也。凡温凊之宜，定省之節，養志養體，善繼善述之事，概未之及。而此章獨言諫親之道者，蓋孝爲順德，聖人以順教天下，恐事親者專務將順，陷親於不義，則不孝之大者，不可不戒也。

「敢問子從父之令，可謂孝乎？」子曰：「是何言與？是何言與？昔者天子有争臣七人，雖無道，不失其天下。諸侯有争臣五人，雖無道，不失其國。大夫有争臣三人，雖無道，不失其家。

争，謂諫止其非，若有争然。馮氏曰：「天子七，諸侯五，大夫三，如書言九德、六德、三德，特以降殺等差言爾。」

「士有争友，則身不離於令名。

司馬公曰：「士無臣，故以友争。」

「父有争子，則身不陷於不義。

此通庶人而言。

「故當不義，則子不可以不争於父，臣不可以不争於君。故當不義則争之，從父之令，又焉得爲孝乎？」

右傳之十一章。凡百四十三字。廣經中五孝之義，言天子、諸侯、卿大夫、士、庶人皆當有過則諫，非徒從順而已。朱子曰：「此不解經，而别發一義。」○古文「則聞命矣」，「則」作「參」。「敢問」下無「子」字。

子曰：「孝子之喪親也，哭不偯，禮無容，言不文，服美不安，聞樂食旨不甘，此哀戚之情也。

偯，聲眘容而有餘也。禮記間傳云：「大功之喪，三曲而偯。」此父母之喪，哀痛之極，故其哭也氣竭而息，無復餘聲；舉措進退之禮，不修飾爲容儀；有事直致其言，不治擇成文辭；身服美衣不以爲安，故服惡衰耳；聞樂聲不以爲樂，故不樂旨味之美也；日食美味不以爲甘，故不飲酒食肉。此六者皆孝子哀戚之真情，自然而然。

「三日而食，教民無以死傷生也。

親死，水漿不入口，三日乃食粥，蓋過三日則死，此教民無以親之死而傷子之生也。

「毁不滅性，此聖人之政也。

喪雖哀毁，不可殞滅其性而死，必爲之節。故居喪之禮，不沐浴，不酒肉。然頭有瘡則浴，身有瘍則浴，有疾則飲酒食肉。年五十者不致毁，六十者不毁。凡此皆聖人之政，爲民制禮節哀而全其生也。

「喪不過三年，示民有終也。

孝子之於親，有終天之痛，視三年之久，猶駟之過隙，哀豈能忘哉！然遂其情則無有窮已，故喪制，父母之喪至重，亦不過三年者，示民以有終竟之時也。

「**爲之棺椁，衣衾而舉之。**」

尸之外衣，衣之外衾，以襲以殮；衾之外棺，棺之外椁，以殮以殯。舉，謂舉尸加其上，納其中也。

「**陳其簠簋，而哀戚之。**」

此言朝夕朔望之獻。簠，盛稻粱器，外方内圓；簋，盛黍稷器，外圓内方。案士喪禮朝夕奠脯醢而已，盛以籩豆，朔月殷奠，始有黍稷，盛以瓦敦。卿大夫祭禮，少牢饋食，亦止用敦盛黍稷。以公食大夫禮推之，竊意天子諸侯之殷奠，乃備黍稷稻粱，而器用簠簋，此傳所云「蓋，舉上而言也」。

「**擗踊哭泣，哀以送之。**」

擗，以手擊胸也；踊，以足頓地也。哭者日有聲，泣者目有淚，此謂柩行之時，送行而往，哀其不返也。

「**卜其宅兆，而安厝之。**」

卜，灼龜以視吉凶也。宅，墓穴也；兆，塋域也；厝，猶置也。將置柩於其處，必無地風、水泉、沙礫、樹根、螻蟻之屬，及他日不爲城郭、溝池、道路然後安。卜者，決之於神也。

「**爲之宗廟，以鬼享之。**」

初喪至葬，有奠無祭，蓋猶以人禮事之。既葬，迎精而反，乃以虞祭易獻，卒哭而祔於祖。喪畢而遷於廟，始純以鬼禮祀之。享者，祭祀人鬼之名。

「**春秋祭祀，以時祀之。**」

既除喪，每歲四時，感時之變，思親不忘，報本反始，事之如其生存。言春秋，則包四時矣。

「**生事愛敬，死事哀戚，生民之本盡矣，死生之義備矣。**」

親生則事之以愛敬，親死則事之以哀戚。生死皆致其孝，然後足以盡生民之本，備死生之義。民之生也，心之德爲仁，仁之發爲愛。愛親，本也；及人，末也。故孝爲生民之本。義者，宜也。生而愛敬，死而哀戚，理所宜然，故曰死生之義。

「孝子之事親終矣。」

此句總結此章。言喪親之孝，乃孝子事親之終事。○軾按：此章論喪親之道，包括士喪、既夕、喪傳、喪大記、小記、少牢、特牲、祭統、祭義諸篇。末言「生事愛敬」結前十二章，「死事哀戚」結本章，故曰「孝子之事終矣」。「終」云者，謂孝之事如是而已學也。

右傳之十二章。凡百四十三字。廣經末終始之義。經所謂「終」指立身而言，此傳言喪親爲事親之終。朱子曰：「此亦不解經，而別發一義。」其語尤精約也。○古文「喪親」「之情」「傷生」「之政」「有終」五句之末，並無「也」字。「傷生」下今文亦無「也」字，考之禮記喪服四制篇，有「也」字爲是。

孝經章句。曩因朱子刊誤校定，子文受讀，歷觀唐注、宋疏及諸家解，其說雖詳，其義亦有未明暢者。乃輯此訓釋授之，諄切卑瑣，蓋取蒙稚易曉而已。吴澄識。

刊誤

經傳正文之中，已悉除去朱子所塗之字，今并劉炫所增一章别録於後，而備論之。

「大雅云無念爾祖聿脩厥德」凡十一字，古文同在經文「終於立身」下。

「甫刑云一人有慶兆民賴之」凡十一字，古文同在經文「蓋天子之孝也」下。

「詩云戰戰兢兢臨深淵如履薄冰」凡十四字，古文同在經文「蓋諸侯之孝也」下。

「詩云夙夜匪懈以事一人」凡十字，古文同在經文「蓋卿大夫之孝也」下。

「詩云夙興夜寐無忝爾所生」凡十一字，古文同在經文「蓋士之孝也」下。

已上引書一，引詩四，朱子删去，説見前。

「先王見教之可以化民也，是故先之以博愛，而民莫遺其親；陳之以德義，而民興行；先之以敬讓，而民不争；導之以禮樂，而民和睦；示之以好惡，而民知禁。詩云：『赫赫師尹，民具爾瞻』」凡六十九字，古文同在傳四章「其政不嚴而治」下。

朱子曰：「『先王見教之可以化民』與上文不屬，温公改『教』爲『孝』乃得粗通。而下之所謂德義、敬讓、禮樂、好惡者，却不相應，疑亦裂取他書之成文，而强加裝綴以爲孔子、曾子之問答，但未見其所出耳。文既可疑，而謂聖人見孝可以化民，而後以身先之，於理又已悖矣。況先之以博愛，亦非立愛惟親之序，若之何而能使民不遺其親邪？其所引詩亦不親切，今並删去。」

「以順則逆，民無則焉。不在於善，而皆在於凶德。雖得之，君子不貴也。君子則不然，言思可道，行思可樂，德養可尊，作事可法，容止可觀，進退可度，以臨其民。是以其民畏而愛之，則而象之。故能成其德教，而行其政令。詩云：『淑人君子，其儀不忒』」凡九十二字。古文「不在於善」下無「而」字，「不貴也」作「所不貴」，「政令」上無「其」字，餘並同。凡九十字在傳七章「謂之悖禮」下。

案春秋左氏傳，文公十八年，季文子曰：「以訓則昏，民無則焉。不度於善，而皆在於凶德，是以去之。」襄公三十一年，衛北宮文子曰：「君有君之威儀，其臣畏而愛之，則而象之。」又曰：「君子在位可畏，施舍可愛，進退可度，周旋可則，容止可觀，作事可法，德行可象，聲氣可樂，動作有文，言語有章，以臨其下。」朱子曰：「此雜取左傳所載季文子、北宮文子之言，與上文既不相應，而彼此得失又如前所論子產之語，今删去。」

「子曰：『閨門之内，具禮矣乎嚴父、嚴兄，妻子、臣妾猶百姓徒役也』」凡二十四字，今文無，古文在傳十章之後、十一章之前。

朱子曰：「因上章三可，移而言嚴父孝也、嚴兄弟也、臣妾官也。」邢氏正義説已見前。今詳此章淺陋，不惟不類聖言，亦不類漢儒語，是後儒僞作明甚。而朱子不致疑者，蓋因温公信之，而未暇深考耳。況十一章之首作傳者，承上章之末而發問。若有此章則文義間隔，故特據正義之説黜之。

吴先生隱居臨川山中，大臣薦之，授文翰之職，未行，促命下，驛道上京師。會有求爲代者，先生即南還。今年夏次，廣陵郡學訪道諏經者日至，恒往受業焉。

恒嘗問：「孝經何以有今文、古文之别？」先生曰：「黄帝時，倉頡始造字。周宣王時，史籀因倉頡字更革爲大篆。秦始皇時，李斯因史游字更革爲小篆。倉頡字謂之古文，秦人以篆書繁難，又作隸書，取其省易，專爲官府行文書而設。自此人趨簡便，習隸者衆，習篆者寡。公私通行，悉是隸書。經火於秦，而復出於漢，當時傳寫，只用世俗通行之字。武帝時，魯共王壞孔子屋壁，得孔鮒所藏書，禮及論語、孝經，皆倉頡古文字。後人稱漢儒隸書傳寫之經爲今文，以相别異云爾。古文書孔安國獻之，遭巫蠱事不及施行，安國没後，其書無傳。東萊張霸詭言受古文書，成帝時徵至，校其書，非是漢志所載。武成之辭，即張霸僞古文書也。東晉梅賾於伏生今文書外增多二十五篇，今行於世，果真孔壁所藏者乎？古文禮五十六篇，内十七篇與今文儀禮同，餘三十九篇謂之逸禮。鄭玄注儀禮、禮記，屢嘗引用。孔潁達作疏之時猶有，後乃燬於天寶之亂。古文論語二十一篇，與魯論語、齊論語爲三。古文孝經二十二章，與今文孝經爲二，魏晉而後不存。隋人以今文孝經增減數字，分析兩章，又僞作一章，名之曰古文孝經，其得之也絶無來歷。左驗隋經籍志及唐開元時集議，顯斥其妄邪。邢昺正義具載，詳備可考。司馬温公有古文孝經指解，蓋温公資質重厚，於孝經今文尚且篤信，則謂古文尤可尊也，而不疑後出之僞。

朱子識見高明，孝經出於漢初者尚且致疑，則其出於隋世者何足深辨也。而刊誤姑據温公所注之本，非以古文優於今而承用之也。」

恒又問：「孝經果可疑乎？」先生曰：「朱子云：『孝經出於漢初左氏未盛行之時，不知何世何人爲之也。』竊謂孝經雖未必是孔門成書，然孔鮒藏書時已有之，則其傳久矣。禮家有七十子之後，弟子所記，二戴禮記諸篇多取於彼，其間純駁相雜，公、穀、左氏等書稱道孔子之言者亦然。孝經殆此類也，亦七十子之後之所爲爾。中有格言，朱子每於各章注出。而小學書所纂孝經之文，其擇之也精矣，朱子何嘗盡疑孝經之爲非哉？學者豈可因後儒之傅會，而廢先聖之格言也！」

他日，先生之子文謂小年讀孝經，時先生整齊諸説，歸於至當，附入己見，補其不足，畀文肄之。恒於是借觀舊槁，就欲筆受，請於先生，先生曰：「此往年以訓稚子，不欲傳之，故未嘗示人也。」恒再三請，乃許。既得録本，而求者沓來，應之不給。同門諸友共爲鋟木，以公其傳，而所聞師説並記於其後云。大德癸卯十月甲寅朔，門人河南張恒記。

附　孝經三本管窺

古今文考

隋書經籍志云：「孝經遭秦焚書，爲河間人顔芝所藏。漢初，芝子貞出之，凡十八章。而長孫氏、博士江翁、少府后蒼、諫議大夫翼奉、安昌侯張禹皆名其學。又有古文孝經與古文尚書同出。有閨門一章，其餘經文大較相似。又有衍出三章，并前合爲二十二章，孔安國爲之傳。至劉向典校經籍，以顔本比古文，除其繁惑，以十八章爲定。鄭衆、馬融並爲之注，又有鄭氏注相傳。或云鄭玄其立義與玄所注餘書不同，故疑之。梁代，安國及鄭氏二家並立國學，而安國之本亡於梁亂。陳及周、齊惟傳鄭氏。至隋秘書監王劭於京師訪得孔傳，送至河間劉炫，因序其得喪，述其議疏，講於人間，漸聞朝廷。後遂著令與鄭氏並立。儒者諠諠，皆云炫自作之，非孔舊本，而秘府又先無其書。」邢昺正義云：「案：今俗所行孝經題曰『鄭氏注』，近古皆謂康成，而漢魏之朝無有此説。晉穆帝永和十一年及孝武太元元年，再聚群臣，共論經義，有荀昶者撰集孝經諸説，始以鄭氏爲宗。晉、宋以來多有異論。陸澄以爲非康成所注，請不藏於秘省。王儉不依其請，遂得見傳。言語鄙陋，義理乖謬，固不可示彼後來，傳諸不朽。至古文孝經孔傳本出孔氏壁中，語甚詳正，無俟商榷，而曠代亡逸，不被流行。隋開皇十四年，秘書學生王逸於京市陳人處買得一本，送與著作王邵，以示河間劉炫，仍令校定，而此書更無兼本，難可依憑。炫輒以所見率意刊改，因著古文孝經稽疑一篇。」按隋書經籍志、唐書藝文志俱載劉炫述義五卷，無稽疑篇目，想稽疑一篇即在述義五卷之内。故開元七年敕議之際，劉知幾等議以爲孔、鄭二家雲泥致隔，必孔廢鄭，於義爲允。國子博士司馬貞議曰：「今文孝經是漢河間王所得顏芝本，至劉向以此參校古文，省除繁惑，定此二十八章，其注相承，云是康成所作。而鄭志及目録等不載，故往賢其疑焉。唯荀昶、范曄以爲鄭注，故昶集解孝經，具載此注爲優。且其注縱非康成，而義旨敷暢。其古文二十二章，安國作傳，緣遭巫蠱，未之行也。昶集注之時，尚未見孔傳，中朝遂亡其本。近儒欲崇古學，妄作傳學，假稱孔氏，輒穿鑿更改。又僞作閨門一章，劉炫詭隨，妄稱其善。且閨門之義，近俗之語，必非宣尼正説。」案其文云：「閨門之内，具禮矣。嚴親嚴見，妻子臣妾繇百姓徒役也。」是比妻子於徒役，文句凡鄙，不合經典。又分庶人章，從「故自天子」已下別爲一章，仍加「子曰」二字。然「故」者逮下之辭，既是章首，不合言「故」，是古人既没，後人妄開此等數章，以應二十二之數。非但經文不真，抑亦傳文淺僞。今議者欲取近儒詭説，而廢鄭注，理實未可。唐書劉知幾傳云：「嘗議孝經鄭氏學，非康成注，舉十二條左證其謬，當以古文爲正。宰相宋璟等不然其論奏，與諸儒質辨。博士司馬貞等阿意，共黜其言，請二家兼行。至十年，上自注孝經，明皇御製序有云：「近觀孝經舊注，踳駁尤甚。」蓋謂孔、鄭兩家之注皆非真實，乖錯過甚也。頒于天下，卒以十八章爲定。經以今文爲定，注則明皇自作，邢昺正義依之。金華宋氏曰：「孝經一也，而有古今文之異者，蓋出於漢初顔芝之子貞者，爲今文十八章，而鄭康成爲之注。至武帝時，得於魯恭王所壞孔子屋壁者爲古文，凡二十二章，而孔安國爲之注。後世諸儒各騁意見，尊古文者則謂孔傳既出孔壁，語甚詳正，無俟商確。揆於鄭注，雲泥致隔，況鄭原未嘗有注，而依倣托之者乎？尊今文者則謂劉向以顔芝本參較古文，省除繁惑，而定爲今文，無有不善。爲之傳者，縱曰非鄭所作，而義旨實敷暢。若夫古文，并安國之注，其亡已久，將何所取徵哉？」二者之論雖莫之有定，然皆並存於時，各相傳。自唐明皇注用今文，於是今文盛行，而古文幾至廢絶。宋司馬温公始專主古文，撰爲指解上之。以予觀之，古今文之所異者，特詞語微有不同，稽其文義，初無絶相遠者，其所甚異惟閨門一章耳。諸儒於經之大旨未見有所發揮，而獨斷斷然致其紛紜若此，抑亦末矣。自伊洛之學興，子朱子實起而繼之，於是因衡山胡氏、玉川汪氏之疑而就古文考定，分爲經、傳。

震川歸氏曰：「孝經一篇，十八章，河間顔芝所藏，芝子貞出之。孝經古孔氏一篇，二十二章，孔氏壁中所藏，魯三老獻之。漢世傳孝經有長孫氏、江氏、后氏、翼氏四家，而古文絶無師授。至劉向校定并除，卒以十八章爲定。魏晉以後，王肅、韋昭、謝萬、徐整之徒，注者無慮百家，莫有言古文者。蓋古文并於十八章，而孔氏之別出者，廢已久矣。據隋志，安國之本亡于梁亂，非自劉向校定，之後古文即亡也。隋劉炫始自離析增衍，以合二十二章之數，著稽疑一篇，當時遂以爲孔傳復出。而儒者固已譁然，謂炫自作。炫又僞造連山、魯史等百卷，則炫之書又可信哉？故嘗以古文孝經與古文尚書俱自孔氏，而廢興隱見於漢、隋之際，其迹略同，而其可疑一也。晉穆帝永和十一年及孝武太元元年，再聚群臣，共論經義。荀昶撰進孝經諸説，以鄭氏爲宗。其後陸澄謂非康成所注。唐開元七年，詔群臣集議，史官劉知幾遂請行孔廢鄭。夫知幾以爲非鄭之注可矣，因欲以廢經而用劉炫之古文，豈不過哉！當是時，儒者盡非知幾，天子卒自注定，從十八章，仍八分御札，勒於石碑，世謂之石臺孝經。宋咸平中，詔邢昺、杜鎬等依以爲講義，而司馬温公指解猶尊用古文，其意詆今文爲他國疏遠之僞書。蓋見新羅、日本之別序，而近忘京兆之石臺也。元吴文正公始斥古文之僞，因朱子刊誤多所更定，今予一從石本。獨其章名乃梁博士皇侃之所標，非漢時之所傳，故悉去之。予又著其説曰：大哉！孝之道。非聖人莫之知也。昔孔子嘗不對或人之問禘矣，其言明王之以孝治天下，至于刑四海，事天地，言大而理約，豈非極萬殊一本之義？意其所以告曾子者如此哉。雖然，其書非孔氏之舊也。宋元大儒固卓然獨見於千載之下，以破諸儒之惑矣，然其所去者是矣，而所存者猶未必純乎孔氏之舊也，則莫若俱存之。自秦火之後，諸儒區區掇拾，而文藝之全者尠矣。非孔子復生，莫之能復也。今世所存如孝經家語、大小戴之記，要以爲有聖人之微言，故莫若俱有之，而待學者之自擇也。」

孝經古文本

一章

仲尼閒居，曾子侍坐。子曰：「參！先王有至德要道，以順天下，衍義以仁義禮智信衍至德，以父子、君臣、兄弟、夫婦、朋友衍要道。蓋即中庸三達德、五達道也，「仁者人也，親親爲大，思脩身不可以不事親」，則至德要道之謂也。孝經之旨與中庸相表裏，故衍之如此，其義精矣。民用和睦，上下無怨，汝知之乎？」曾子避席，曰：「參不敏，何足以知之？」子曰：「夫孝，經之本也，教之所由生。復坐，吾語汝。身體髮膚，受之父母，不敢毁傷，孝之始也。立身行道，揚名於後世，以顯父母，孝之終也。夫孝，始於事親，中於事君，終於立身，大雅云：『毋念爾祖，聿脩厥德。』」

二章

子曰：「愛親者，不敢惡於人；敬親者，不敢慢於人。愛敬盡於事親，而德教加於百姓，刑於四海，蓋天子之孝。甫刑云：『一人有慶，兆民賴之。』」

三章

「在上不驕，高而不危；制節謹度，滿而不溢。高而不危，所以長守貴；滿而不溢，所以長守富。富貴不離其身，然後能保其社稷，而和其民人，蓋諸侯之孝。詩云：『戰戰兢兢，如臨深淵，如履薄冰。』」

四章

「非先王之法服不敢服，非先王之法言不敢道，非先王之德行不敢行。是故非法不言，非道不行，口無擇言，身無擇行。謂言行皆善，無可指摘，與呂刑「罔有擇言在身」同意。言滿天下無口過，行滿天下無怨惡。三者備矣，然後能守其宗廟，蓋卿大夫之孝也。詩云：『夙夜匪懈，以事一人。』」

五章

「資於事父以事母而愛同，資於事父以事君而敬同，故母取其愛，而君取其敬，兼之者父也。故以孝事君則忠，以敬事長則順。忠順不失，以事其上，然後能保其爵祿而守其祭祀，蓋士之孝也，詩云：『夙興夜寐，毋忝爾所生。』」

六章

子曰："用天之道，因地之利，謹身節用，以養父母，此庶人之孝也。"

七章

正義引唐國子博士司馬貞之議，謂古文分庶人章從"故自天子"已下别爲一章，仍加"子曰"二字。然"故"者逮下之詞，既是章首，不合言"故"。是古人既没，後人妄開此等數章，以應二十二之數。按朱子刊誤本所據古文，"故"字上無"子曰"二字，今從之。其以"故"字爲章首，則中庸無息章亦然，不必致疑也。

"故自天子以下至於庶人，孝無終始，而患不及者，未之有也。"第一章是統論，第二章至第六章分言五孝，此章是總結，故復明終始之義。夫子論孝至此，義已完備，下更因曾子發問而引伸之。

八章

曾子曰："甚哉！孝之大也。"子曰："夫孝，天之經，地之義，民之行。經者，常也；義者，宜也。天地之經，而民是則之，則天之明，因地之義，以順天下。天有常明，日月是也；地有常宜，山澤是也。日月立天之道，曰陰與陽；立地之道，曰柔與剛；立人之道，曰仁與義，此爲三極大中之矩。孝者，仁義之實，非孝則人極不立矣。順乎天，山澤順乎地，人子順乎親，皆萬古不易之常理。故聖人則天明、因地義，以順天下也。是以其教不肅而成，其政不嚴而治，先王見教之可以化民也。是故先之以博愛，而民莫遺其親；陳之以德義，而民興行；先之以敬讓，而民不争；導之以禮樂，而民和睦；示之以好惡，而民知禁。詩云：『赫赫師尹，民其爾瞻。』」

九章

子曰：「昔者明王之以孝治天下也，不敢遺小國之臣，而況於公、侯、伯、子、男乎？故得萬國之懽心，以事其先王。治國者不敢侮於鰥寡，而況於士民乎？故得百姓之懽心，以事其先君。治家者不敢失於臣妾，而況於妻子乎？故得人之懽心，以事其親。夫然，故生則親安之，祭則鬼享之，是以天下和平，災害不生，禍亂不作。故明王之以孝治天下如此，詩云：『有覺德行，四國順之。』」

十章

曾子曰：「敢問聖人之德，其無以加於孝乎？」子曰：「天地之性，人爲貴，天以陰陽五行化生萬物，氣以成形而理亦賦焉。人得天地之全氣，故所得之理亦全，周子曰「惟人也，得其秀而最靈」是也。人之行莫大於孝。朱子曰：「若不如此，便不成人。」孝莫大於嚴父，注云：「萬物資始于乾，人倫資父爲天，故孝行之大，莫過尊嚴其父也。」嚴父莫大於配天，則周公其人也。」注云：「謂父爲天，雖無貴賤，然以父配天之禮，始自周公，故曰『其人也』。」〇周公其人也，此「人」字與上文兩「人」字照應，謂周公能立人之極。昔者周公郊祀后稷以配天，宗祀文王於明堂以配上帝，是以四海之內各以其職來助祭。夫聖人之德，又何以加於孝乎？故親生之句，膝下以養句，父母日嚴。親生之，謂父母生子也；膝下，謂孩提之時也。養者，子爲父母所養也，當此之時，孺慕最真，孟子曰「孩提之童，無不知愛其親」是也。自孩提以後，漸知致敬于父母，日加尊嚴，故曰「父母日嚴」也。膝下以養，人心自然之愛；父母日嚴，人心自然之敬。聖人因嚴以教敬，因親以教愛。聖人之教不肅而成，其政不嚴而治，其所因者本也。」上半章言聖人能極親嚴之心，爲人倫之至，專言嚴，而親在其中。下半章言聖人因人心本有之親嚴，而以孝教天下。上半章是盡其性，下半章是盡人之性。

十一章

子曰：「父子之道，天性，君臣之義。父母生之，續莫大焉；君親臨之，厚莫重焉。」

十二章

子曰：「不愛其親而愛他人者，謂之悖德；西銘「違曰悖德」語本此。不敬其親而敬他人者，謂之悖禮。以順則逆，民無則焉。悖德、悖禮，所謂逆也。民具天地之性，本有順而無逆，故無以順則逆之理。不在於善，皆在於凶德。雖得之，君子所不貴。君子則不然，言斯可道，行斯可樂，德義可尊，作事可法，容止可觀，進退可度，德義、作事即言行也，容止、進退則愛敬其親之儀文度數也。以臨其民。是以其民畏而愛之，則而象之，故能成其德教，而行政令。《詩》云：『淑人君子，其儀不忒。』」

十三章

子曰：「孝子之事親，居則致其敬，養則致其樂，病則致其憂，喪則致其哀，祭則致其嚴。五者備矣，然後能事親。事親者，居上不驕，爲下不亂，在醜不争。居上而驕則亡，爲下而亂則刑，在醜而争則兵。此三者不除，雖日用三牲之養，猶爲不孝也。」

十四章

子曰：「五刑之屬三千，而罪莫大於不孝。要君者無上，非聖人者無法，非孝者無親，注云：「善事父母爲孝，而敢非之，是無親也。」按：非孝即是不孝，既身爲不孝，必以行孝爲非矣。〇非孝無親，有顯著于外者，有隱伏于中者。一念不愛敬其親，便是非孝。無親便是王法不宥。君子懷刑，莫切於此。此大亂之道也。」

十五章

子曰：「教民親愛，莫善於孝；教民禮順，莫善於悌；移風易俗，莫善於樂；安上治民，莫善於禮。禮者，敬而已矣。故敬其父則子悦，敬其兄則弟悦，敬其君則臣悦，敬一人而千萬人悦。所敬者寡，而悦者衆，此之謂要道。」

十六章

子曰：「君子之教以孝也，非家至而日見之也。注云：「言教不必家到戶至、日見而語之，但行孝于內，其化自流于外。」教以孝，所以敬天下之爲人父者；教以悌，所以敬天下之爲人兄者；教以臣，所以敬天下之爲人君者。上章以及於人者而言，故曰敬其父、敬其兄、敬其君。此章以體諸身者而言，故曰教以孝、教以悌、教以臣。謂王者躬行孝悌之道，册祝稱臣以事天親，天下之人則而象之，無不敬其父兄與君，是即王者所以敬天下之爲人父兄君者也。詩云：『愷悌君子，民之父母。』非至德，其孰能順民如此其大者乎！」

十七章

子曰：「昔者明王事父孝，故事天明；事母孝，故事地察；朱子語録云：「明字訓昭字，察字訓著字。事父孝則事天之道昭明，事母孝則事地之道察著。」長幼順，故上下治。事天明，事地察，與中庸「天地位」相似；上下治，與中庸「萬物育」相似。天地明察，神明彰矣。神明猶言神化。知化則善述其事，窮神則善繼其志。事天地之道既昭明察著，則神化之道彰見于兩間也。故雖天子必有尊也，言有父也；必有先也，言有兄也；宗廟致敬，不忘親也；脩身慎行，恐辱先也。宗廟致敬，鬼神著矣。注云：「事宗廟能盡敬，則祖考來格，享於克誠，故言神明則鬼神可知。」光於四海，光字内兼明字、察字、彰字、著字之義。無所不通，詩云：『自西自東，自南自北，無思不服。』」

十八章

子曰：「君子之事親孝，故忠可移於君；事兄悌，故順可移於長；居家理，故治可移於官。是故行成於内，而名立於後世矣。」

十九章

子曰：「閨門之内，具禮矣乎。嚴父嚴兄，妻子臣妾猶百姓徒役也。朱子曰：「此因上章三『可移』而言。嚴父孝也，嚴兄悌也，妻子臣妾官也。」○禮所以安上治民，而皆具于閨門之内，不出家而成教于國也。「嚴父嚴兄」之下疑有脱簡。以下二句文義推之，當云：猶君長也，在家嚴父猶在國嚴君，在家嚴兄猶在國嚴長。孝者所以事君，悌者所以事長也，妻子臣妾皆我所治，而妻子爲貴，臣妾爲賤。故家之妻子猶國之百姓，家之臣妾猶國之徒役。治家者敬妻子而不敢失於臣妾，猶治國者敬百姓而不敢失於徒役。慈者所以使衆也。」

二十章

曾子曰：「若夫慈愛恭敬，安親揚名，參聞命矣。敢問從子父之令，可謂孝乎？」子曰：「是何言與？是何言與？昔者天子有争臣七人，雖無道，不失其天下；諸侯有争臣五人，雖無道，不失其國；大夫有争臣三人，雖無道，不失其家；士有争友，則身不離於令名；父有争子，則身不陷於不義。故當不義，則子不可以弗争於父，臣不可以弗争於君。故當不義，則争之。從父之令，又焉得爲孝乎？」

二十一章

子曰：「君子事上，進思盡忠，退思補過，將順其美，匡救其惡，故上下能相親。《詩》曰：『心乎愛矣，遐不謂矣。中心藏之，何日忘之？』」

二十二章

子曰：「孝子之喪親，哭不偯，禮無容，言不文，服美不安，聞樂不樂，食旨不甘，此哀戚之情。三日而食，教民無以死傷生，毁不滅性，此聖人之政。喪不過三年，示民有終。爲之棺槨衣衾而舉之，陳其簠簋而哀戚之，擗踊哭泣，哀以送之，卜其宅兆而安措之，爲之宗廟以鬼享之，春秋祭祀，以時思之。生事愛敬，死事哀戚，生民之本盡矣，死生之義備矣，孝子之事親終矣。」統論孝道，則以事親爲始，以立身爲終。專論事親，則以生事爲始，以死事爲終。夫事親之終，猶是孝道之始。然則孝子之事親豈有自慰之一日哉！

孝經之有古今文也，漢時以顔芝子貞所出者爲今文，以孔壁所出安國作傳者爲古文。自漢以後，以劉向校定之十八章爲今文，以隋開皇時復出者爲古文。儒者相承，皆以古文爲劉炫僞作。按：隋書經籍志云：「梁代安國及鄭氏二家並立國學，安國之本亡於梁亂。」是則劉向校經之後，古文直至梁時始亡，邢昺謂「曠代亡逸」。歸熙甫謂古文并於十八章，而孔氏之別出者其廢已久，皆失實之論也。自梁末至開皇，相去不過四五十年，秘府已無其本，而民間猶有存者。好古之士訪而得之，亦事理之所有。又按：隋書於儒林傳稱炫僞造書百餘卷，題爲連山易、魯史記等，録上送官；而於經籍志則云秘書監王劭於京師訪得孔傳，送至河間劉炫。是孝經古文得自王劭，不在炫自造書百餘卷之列，其文甚明。然炫既以僞書被訟，則凡炫所表章之書，儒者譁然皆不信之，固其宜矣。

今只就古今文二本平心較量，則古文實爲勝之。蓋古文之異於今文者，以衍出三章，及多閨門一章耳。「故自天子」以下數語，乃總括五孝之文。今文與「庶人之孝」共爲一章，上偏下全，語氣已覺不順。而梁、唐以來又標其目曰庶人章。經文明言「自天子至於庶人」，而獨重庶人可乎？自「仲尼閒居」至「未之有也」，古文分爲七章，首章總論孝道，二章至六章分説行孝，七章總斷不孝患。及朱子刊誤本合爲經文一章，依古文則條理分明，依朱子則脉絡通貫。若今文判爲六章，則於分合之義兩無所取矣。自「曾子敢問」至「其儀不忒」，古文三章，今文合爲一章，語意不相連屬，此尤易見也。閨門章，議者以爲閨門之義，近俗之語。其意蓋以世俗稱女子所居爲閨，故指爲近俗之語。夫閨者，上圜下方之户，字與「圭」通，「篳門圭窬」見於儒行。又仲尼燕居篇云：「以之閨門之内有禮，故三族和也。」陳澔注云：「三族，父、子、孫也。」父、子、孫皆閨門之内，豈專以女子所居爲閨乎？此章之爲孔子所説與否固未可知，然因「閨門」二字而斷爲非宣尼正説，則大不然。春閨蘭閨，後世詞賦中有此字樣，聖人説經時，豈預知而避之耶？其曰「妻子臣妾猶百姓徒役也」，妻子臣妾皆治家者之所理，而妻子貴於臣妾，故謂妻子猶百姓、臣妾猶徒役。蓋百姓之中，徒役爲賤也。議者謂比妻子於徒役，文句凡鄙，不合經典，是不得其解而妄議之也。自開元石臺、咸平正義之後，今之盛行而朱子刊誤之作，獨就古文更定，列閨門一章於十四傳之内，則古今文之得失可知矣。吴隆元識。

孝經今文本

開宗明義章第一

正義曰：「劉向校經籍，比量二本，除其煩惑，以十八章爲定，而不列名。又有荀昶集其録，及諸家疏，並無章名。而援神契『自天子至庶人』五章，唯皇侃標其目而冠於章首。御注依古今，集詳議，儒官連狀，題其章名，重加商量，遂依所請。」

仲尼居，曾子侍。子曰：「先王有至德要道，以順天下，民用和睦，上下無怨。汝知之乎？」曾子避席，曰：「參不敏，何足以知之！」子曰：「夫孝，德之本也，教之所由生也。復坐，吾語汝。身體髮膚，受之父母，不敢毁傷，孝之始也。立身行道，揚名於後世，以顯父母，孝之終也。夫孝始於事親，中於事君，終於立身。大雅云：『無念爾祖，聿脩厥德。』」

天子章第二

子曰：「愛親者不敢惡於人，敬親者不敢慢於人。愛敬盡於事親，而德教加於百姓，刑於四海，蓋天子之孝也。甫刑云：『一人有慶，兆民賴之。』」

諸侯章第三

「在上不驕，高而不危，制節謹度，滿而不溢。高而不危，所以長守貴也；滿而不溢，所以長守富也。富貴不離其身，然後能保其社稷，而和其民人。蓋諸侯之孝也。《詩》云：『戰戰兢兢，如臨深淵，如履薄冰。』」

卿大夫章第四

「非先王之法服不敢服，非先王之法言不敢道，非先王之德行不敢行。是故非法不言，非道不行，口無擇言，身無擇行。言滿天下無口過，行滿天下無怨惡。三者備矣，然後能守其宗廟。蓋卿大夫之孝也。《詩》云：『夙夜匪懈，以事一人。』」

士章第五

「資於事父以事母而愛同，資於事父以事君而敬同，故母取其愛，而君取其敬。兼之者，父也。故以孝事君則忠，以敬事長則順。忠順不失，以事其上，然後能保其禄位，而守其祭祀。蓋士之孝也。《詩》云：『夙興夜寐，無忝爾所生。』」

庶人章第六

「用天之道，分地之利，謹身節用，以養父母。此庶人之孝也。故自天子至於庶人，孝無終始，而患不及者，未之有也。」

三才章第七

曾子曰：「甚哉！孝之大也。」子曰：「夫孝，天之經也，地之義也，民之行也。天地之經，而民是則之。則天之明，因地之利，以順天下。是以其教不肅而成，其政不嚴而治。先王見教之可以化民也，是故先之以博愛，而民莫遺其親；陳之以德義，而民興行；先之以敬讓，而民不争；導之以禮樂，而民和睦；示之以好惡，而民知禁。詩云：『赫赫師尹，民其爾瞻。』」

孝治章第八

子曰：「昔者明王之以孝治天下也，不敢遺小國之臣，而況於公侯伯子男乎？故得萬國之懽心以事其先王。治國者不敢侮於鰥寡，而況於士民乎？故得百姓之懽心以事其先君。治家者不敢失於臣妾，而況於妻子乎？故得人之懽心以事其親。夫然，故生則親安之，祭則鬼享之。是以天下和平，災害不生，禍亂不作，故明王之以孝治天下也如此。詩云：『有覺德行，四國順之。』」

聖治章第九

曾子曰：「敢問聖人之德，無以加於孝乎？」子曰：「天地之性，人爲貴。人之行莫大於孝，孝莫大於嚴父，嚴父莫大於配天，則周公其人也。昔者周公郊祀后稷以配天，宗祀文王於明堂以配上帝，是以四海之内各以其職來祭。夫聖人之德，又何以加於孝乎？故親生之膝下，以養父母日嚴。聖人因嚴以教敬，因親以教愛，聖人之教不肅而成，其政不嚴而治。其所因者，本也。父子之道，天性也，君臣之義也。父母生之，續莫大焉；君親臨之，厚莫重焉。故不愛其親而愛他人者，謂之悖德；不敬其親而敬他人者，謂之悖禮。以順則逆，民無則焉。不在於善，而皆在於凶德。雖得之，君子不貴也。君子則不然，言思可道，行思可樂，德義可尊，作事可法，容止可觀，進退可度，以臨其民。是以其民畏而愛之，則而象之，故能成其德教，而行其政令。《詩》云：『淑人君子，其儀不忒。』」

紀孝行章第十

子曰：「孝子之事親也，居則致其敬，養則致其樂，病則致其憂，喪則致其哀，祭則致其嚴。

五者備矣，然後能事親。事親者，居上不驕，爲下不亂，在醜不争。居上而驕則亡，爲下而亂則刑，在醜而争則兵。三者不除，雖日用三牲之養，猶爲不孝也。」

五刑章第十一

子曰：「五刑之屬三千，而罪莫大於不孝。要君者無上，非聖人者無法，非孝者無親。此大亂之道也。」

廣要道章第十二

子曰：「教民親愛，莫善於孝；教民禮順，莫善於悌；移風易俗，莫善於樂；安上治民，莫善於禮。禮者，敬而已矣。故敬其父則子悦，敬其兄則弟悦，敬其君則臣悦，敬一人則千萬人悦，所敬者寡而悦者衆。此之謂要道也。」

廣至德章第十三

子曰：「君子之教以孝也，非家至而日見之也。教以孝，所以敬天下之爲人父者也；教以悌，所以敬天下之爲人兄者也；教以臣，所以敬天下之爲人君者也。《詩》云：『愷悌君子，民之父母。』非至德，其孰能順民如此其大者乎！」

廣揚名章第十四

子曰：「君子之事親孝，故忠可移於君；事兄悌，故順可移於長；居家理，故治可移於官。是以行成於内，而名立於後世矣。」

諫諍章第十五

曾子曰：「若夫慈愛恭敬，安親揚名，則聞命矣。敢問子從父之令，可謂孝乎？」子曰：「是何言與？是何言與？昔者天子有争臣七人，雖無道，不失其天下；諸侯有争臣五人，雖無道，不失其國；大夫有争臣三人，雖無道，不失其家；士有争友，則身不離於令名；父有争子，則身不陷於不義。故當不義，則子不可以不争於父，臣不可以不争於君。故當不義，則争之。從父之令，又焉得爲孝乎？」

感應章第十六

子曰：「昔者明王事父孝，故事天明；事母孝，故事地察；長幼順，故上下治。天地明察，神明彰矣。故雖天子必有尊也，言有父也；必有先也，言有兄也。宗廟致敬，不忘親也。脩身慎行，恐辱先也。宗廟致敬，鬼神著矣。孝悌之至，通於神明，光於四海，無所不通。《詩》云：『自西自東，自南自北，無思不服。』」

事君章第十七

子曰：「君子之事上也，進思盡忠，退思補過，將順其美，匡救其惡，故上下能相親也。《詩》云：『心乎愛矣，遐不謂矣。中心藏之，何日忘之？』」

喪親章第十八

子曰：「孝子之喪親也，哭不偯，禮無容，言不文，服美不安，聞樂不樂，食旨不甘，此哀慼之情也。三日而食，教民無以死傷生，毁不滅性，此聖人之政也。喪不過三年，示民有終也。爲之棺槨衣衾而舉之，陳其簠簋而哀慼之，擗踊哭泣，哀以送之，卜其宅兆而安措之，爲之宗廟以鬼享之，春秋祭祀，以時思之。生事愛敬，死事哀戚，生民之本盡矣，死生之義備矣，孝子之事親終矣。」

此正義本經文，即唐時石臺本，亦即劉向所校定之本。自漢以來相傳，謂之今文孝經。惟「開宗明義」等章名，發端於梁之皇侃，而更定於開元諸臣，非漢時之所有也。明皇之注、邢昺之疏，依文解義，經旨粗明，已擇其尤切當者，載在古文本中，故不録云。吴隆元識。

孝經刊誤本

仲尼閒居，曾子侍坐。子曰：「參！先王有至德要道，以順天下，民用和睦，上下無怨。汝知之乎？」曾子避席，曰：「參不敏，何足以知之？」子曰：「夫孝，德之本也，教之所由生。復坐，吾語汝。身體髮膚，受之父母，不敢毀傷，孝之始也。立身行道，揚名於後世，以顯父母，孝之終也。夫孝始於事親，中於事君，終於立身。愛親者不敢惡於人，敬親者不敢慢於人。愛敬盡於事親，而德教加於百姓，刑於四海，蓋天子之孝。在上不驕，高而不危，制節謹度，滿而不溢。高而不危，所以長守貴；滿而不溢，所以長守富。富貴不離其身，然後能保其社稷，而和其民人，蓋諸侯之孝。非先王之法服不敢服，非先王之法言不敢道，非先王之德行不敢行。是故非法不言，非道不行，口無擇言，身無擇行。言滿天下無口過，行滿天下無怨惡。三者備矣，然後能守其宗廟，蓋卿大夫之孝也。資於事父以事母而愛同，資於事父以事君而敬同。故母取其愛，而君取其敬。兼之者，父也。故以孝事君則忠，以敬事長則順。忠順不失，以事其上，然後能保其爵禄，而守其祭祀，蓋士之孝也。用天之道，因地之利，謹身節用，以養父母，此庶人之孝也。故自天子以下至於庶人，孝無終始，而患不及者，未之有也。」

右經一章，夫子、曾子問答之言，而曾氏門人之所記也。所謂孝經者，其本文止如此。

其下則或者雜引傳記以釋經文，乃孝經之傳也。蓋經之首統論孝之終始，中乃敷陳天子、諸侯、卿大夫、士、庶人之孝，而其末結之曰：「故自天子以下至於庶人，孝無終始，而患不及者，未之有也。」其首尾相應，次第相承，文勢連屬，脈絡通貫，同是一時之言，無可疑者。

子曰：「君子之教以孝也，非家至而日見之也。教以孝，所以敬天下之爲人父者；教以悌，所以敬天下之爲人兄者；教以臣，所以敬天下之爲人君者。詩云：『愷悌君子，民之父母。』非至德，其孰能順民如此其大者乎！」

右傳之首，釋「至德以順天下」之意。

子曰：「教民親愛，莫善於孝；教民禮順，莫善於悌；移風易俗，莫善於樂；安上治民，莫善於禮。禮者，敬而已矣。故敬其父則子悦，敬其兄則弟悦，敬其君則臣悦，敬一人則千萬人悦。所敬者寡而悦者衆，此之謂要道。」

右傳之二章，釋「要道」之意。

曾子曰：「甚哉！孝之大也。」子曰：「夫孝，天之經，地之義，民之行。天地之經，而民是則之。則天之明，因地之義，以順天下，是以其教不肅而成，其政不嚴而治。」

右傳之三章，釋「以順天下」之意。

子曰：「昔者明王之以孝治天下也，不敢遺小國之臣，而況於公侯伯子男乎？故得萬國之懽心以事其先王。治國者不敢侮於鰥寡，而況於士民乎？故得百姓之懽心以事其先君。治家者不敢失於臣妾，而況於妻子乎？故得人之懽心以事其親。夫然，故生則親安之，祭則鬼享之，是以天下和平，災害不生，禍亂不作。故明王之以孝治天下如此。詩云：『有覺德行，四國順之。』」

右傳之四章，釋「民用和睦、上下無怨」之意。

曾子曰：「敢問聖人之德，其無以加於孝乎？」子曰：「天地之性，人爲貴。人之行莫大於孝，孝莫大於嚴父，嚴父莫大於配天，則周公其人也。昔者周公郊祀后稷以配天，宗祀文王於明堂以配上帝，是以四海之内各以其職來助祭。夫聖人之德，又何以加於孝乎？故親生之膝下，以養父母日嚴。聖人因嚴以教敬，因親以教愛，聖人之教不肅而成，其政不嚴而治。其所因者，本也。」

右傳之五章，釋「孝，德之本」之意。

子曰：「父子之道，天性，君臣之義。父母生之，續莫大焉。君親臨之，厚莫重焉。故不愛其親而愛他人者，謂之悖德；不敬其親而敬他人者，謂之悖禮。」

右傳之六章，釋「教之所由生」之意。古文析「不愛其親」以下別爲一章，而各冠以「子曰」。今文則合之，而又通上章爲一章，無此二「子曰」字，而於「不愛其親」之上加「故」字。今詳此章之首，語實更端，當以古文爲正。「不愛其親」語意正與上文相續，當以今文爲正。至「君臣之義」之下則又當有脱簡焉，今不能知其爲何字也。

子曰：「孝子之事親，居則致其敬，養則致其樂，病則致其憂，喪則致其哀，祭則致其嚴。五者備矣，然後能事親。事親者，居上不驕，爲下不亂，在醜不争。居上而驕則亡，爲下而亂則刑，在醜而争則兵。此三者不除，雖日用三牲之養，猶爲不孝也。」

右傳之七章，釋「始於事親」及「不敢毁傷」之意。

子曰：「五刑之屬三千，而罪莫大於不孝。要君者無上，非聖人者無法，非孝者無親，此大亂之道也。」

右傳之八章，因上文「不孝」之云而繫於此。

子曰：「君子事上，進思盡忠，退思補過，將順其美，匡救其惡，故上下能相親。詩曰：『心乎愛矣，遐不謂矣。中心藏之，何日忘之？』」

右傳之九章，釋「中於事君」之意。

子曰：「昔者明王事父孝，故事天明；事母孝，故事地察；長幼順，故上下治。天地明察，神明彰矣。故雖天子必有尊也，言有父也；必有先也，言有兄也。宗廟致敬，不忘親也。脩身慎行，恐辱先也。宗廟致敬，鬼神著矣。孝悌之至，通於神明，光於四海，無所不通。詩云：『自西自東，自南自北，無思不服。』」

右傳之十章，釋天子之孝。

子曰：「君子之事親孝，故忠可移於君；事兄悌，故順可移於長；居家理，故治可移於官。是故行成於內，而名立於後世矣。」

右傳之十一章，釋「立身揚名」及士之孝。

子曰：「閨門之内，具禮矣乎。嚴父嚴兄，妻子臣妾猶百姓徒役也。」

右傳之十二章。因上章言「可移」，而言嚴父孝也，嚴兄悌也，妻子臣妾官也。

曾子曰：「若夫慈愛恭敬，安親揚名，參聞命矣。敢問從父之令，可謂孝乎？」子曰：「是何言與？是何言與？昔者天子有争臣七人，雖無道，不失其天下；諸侯有争臣五人，雖無道，不失其國；大夫有争臣三人，雖無道，不失其家；士有争友，則身不離於令名；父有争子，則身不陷於不義。故當不義，則子不可以弗争於父，臣不可以弗争於君。故當不義，則争之。從父之令，又焉得爲孝乎！」

右傳之十三章，不解經，而别發一義。

子曰：「孝子之喪親，哭不偯，禮無容，言不文，服美不安，聞樂不樂，食旨不甘，此哀戚之情。三日而食，教民無以死傷生，毁不滅性，此聖人之政。喪不過三年，示民有終。爲之棺槨衣衾而舉之，陳其簠簋而哀戚之，擗踊哭泣，哀以送之，卜其宅兆而安措之，爲之宗廟以鬼享之，春秋祭祀，以時思之。生事愛敬，死事哀戚，生民之本盡矣，死生之義備矣，孝子之事親終矣。」

右傳之十四章，亦不解經，而别發一義。

朱子定大學爲一經十傳，定孝經爲一經十四傳，二書規模略同。康熙十六年上命儒臣倣西山真氏大學衍義，撰孝經衍義一百卷。依朱子刊誤本所定經文列於卷首，衍經不衍傳，一如西山真氏之例。蓋朱子之學至今日大光，而孝經之旨昭然於天下萬世矣。吴隆元識。

附録：四庫全書總目提要

孝經定本一卷 雨江總督採進本

元吴澄撰。澄有易纂言，已著録。此書以今文孝經爲本，仍從朱子刊誤之例，分列經傳。其經則合今文六章爲一章，其傳則依今文爲十二章，而改易其次序。朱子所删一百七十二字案朱子刊誤凡删二百二十三字，中有句删其字者，此惟載所删之句，故止一百七十二字，與古文閨門章二十四字，並附録於後。後有大德癸卯澄門人河南張恒跋，稱澄觀邢疏而知古文之僞，觀朱子所論知今文亦有可疑，因整齊諸説，附入己見，爲家塾課子之書，不欲傳之，未嘗示人云云。蓋心亦有所不安也。其謂漢初諸儒始見此書，蓋未考魏文侯嘗爲作傳，見於蔡邕明堂論中。至其據許氏説文所引古文孝經「仲尼居」無「閒」字，知古文之「仲尼閒居」爲劉炫所妄增。又據桓譚新論稱古文千八百七十二字，與今文異者四百餘字。今劉炫本止有千八百七字，多於今文八字，除增閨門一章二十四字外，與今文異字僅二十餘字，則較司馬貞之攻古文，但泛稱文句鄙俗者，特有根據。所定篇第雖多分裂舊文，而詮解簡明，亦秩然成理。朱子刊誤既不可廢，則澄此書亦不能不存。蓋至是而孝經有二改本矣。

孝經三本管窺一卷 江西巡撫採進本

國朝吴隆元撰。隆元有易宫，已著録。是編首爲孝經今古文考，次爲古文本，次爲今文本，次爲朱子刊誤本。其大旨以古文爲是，蓋以朱子刊誤用古文本云。

（以上據武英殿本四庫全書總目卷三十二）